U0728229

著作权法教程

高冠群　著

中国海洋大学出版社

· 青岛 ·

图书在版编目（CIP）数据

著作权法教程 / 高冠群著 . -- 青岛：中国海洋大
学出版社，2022.4（2024.8 重印）
ISBN 978-7-5670-3147-0

Ⅰ. ①著… Ⅱ. ①高… Ⅲ. ①著作权法－中国－教材
Ⅳ. ①D923.41
中国版本图书馆 CIP 数据核字（2022）第 070941 号

ZHUZUOQUANFA JIAOCHENG
著作权法教程

出版发行	中国海洋大学出版社
社　　址	青岛市香港东路 23 号　　　邮政编码　266071
出 版 人	杨立敏
网　　址	http://pub.ouc.edu.cn
订购电话	0532-82032573（传真）
责任编辑	邹伟真　　　　　　　　电　　话　0532-85902533
印　　制	日照报业印刷有限公司
版　　次	2022 年 4 月第 1 版
印　　次	2024 年 8 月第 2 次印刷
成品尺寸	170 mm × 230 mm
印　　张	10.75
字　　数	149 千
印　　数	1 001—1 500
定　　价	40.00 元

发现印装质量问题，请致电 0633-8221365，由印刷厂负责调换。

前 言
PREFACE

　　第三次修订的《中华人民共和国著作权法》（以下简称《著作权法》）于2021年6月1日起施行。其中，多处条文的修改，对法律行业产生较大的影响。在最新修订的《著作权法》框架下，笔者结合新修条文进行深入探究，以便课堂教学。本书以介绍《著作权法》基本理论为出发点，结合案例分析编写而成。

　　本书共分九章，主要包括著作权概述、著作权的客体、著作权的权利内容、著作权的主体、邻接权、著作权的权利限制和保护期限、著作权的许可与转让、著作权的集体管理、著作权侵权与法律救济。本书适合作为影视类高校知识产权专业相关课程教材，也可供法律实务工作者参考借鉴。

　　本书具有以下编写特点：

　　（1）突出基础性，主要介绍著作权的基础理论知识，为方便学生学习，舍弃了一些晦涩难懂的学术观点；

　　（2）突出互动性和实用性，以大量的著作权案例为素材，寓教于案，结合相应知识点对案例进行解析，贴近日常生活，增强互动性和实用性；

　　（3）突出学生法律思维能力的培养，结合最新的法律条文进行解析，培养学生利用法律条文进行实务运用的专业能力。

　　笔者在编写过程中参考了与《著作权法》相关的论著，在此向有关作者致以深深的敬意。

　　因能力有限，本书依旧存在一些缺点和问题，欢迎各位专家、读者提出宝贵的建议和意见。

笔　者

2022 年 2 月

目 录
CONTENTS

第一章
著作权概述

第一节　著作权的概念与性质

一、著作权的概念及其演变

著作权是指作者及其他著作权人对文学、艺术、科学等作品所享有的专有性人身权利和财产权利的总称。

著作权，英文为copyright，意为复制权、翻印权。世界各国普遍认为著作权制度是伴随着印刷术的出现和使用而衍生出的。在著作权制度诞生前，世界各国曾普遍存在印刷特权制度，各地的封建领主将印制某种特定作品的权利通过授权的方式许可给印刷商。在中国，最早有据可查的印刷特权出现在南宋绍熙年间（1190—1194）。在欧洲，最早有据可查的印刷特权于1469年在威尼斯地区出现。著作权制度起源于出版行业，中国的造纸和印刷术先后进入欧洲，促进了欧洲科学技术发展和文化的兴盛，促进了图书出版行业的发展，图书出版商由此获取了丰厚利润。与此同时，盗版侵权行为的屡见不鲜又给这个行业的正常发展带来了极大的困扰，图书出版商试图取得某些书籍的专有性复制和发行权垄断性权利，以此占有更大的市场份额，这种状况较早出现在出版行业比较成熟的英国。在英国，英国国王通过出版商向其缴纳一定数额的许可费为条件授予出版商特许出版权，但作品作者不享有该权利。

到 18 世纪初,欧洲各个国家逐步抛弃了特许出版制度,建立了在私有体制下的著作权制度。在资产阶级逐步取代封建统治者的历史背景下,在作品作者的纷纷要求下,英国议会迫于压力在 1709 年出台了世界上第一部以保护作品作者权利为主旨的《安娜女王法》。该法令确立了作者对其作品享有垄断性权利。不同于以往特许出版权中将出版商的权益放在首位,该法令以作品作者的利益为前提。该法令所规定的权利的取得是法定的,区别于以往封建君主授权的权利取得方式,因此该法令所规定的权利的属性是由民法所调整的财产性权利,意味着以保护作品作者权益为基础的著作权制度的产生。

到 18 世纪末,欧洲其他国家也逐步建立了著作权制度。与英国不同,许多欧洲大陆国家的著作权法律制度中出现了体现资产阶级启蒙思想的规定:作品区别于一般商品,作品首先是作者人格的体现,在著作权法律制度中,人格权是第一位的,财产权是第二位的。欧洲大陆法系著作权发展成为以作品作者为权利主体,由多项人身权利和财产权利所组成的民事权利。著作权制度也由此形成了两大法律体系。第二次世界大战之后,著作权制度的发展出现了海洋法系与大陆法系相融合的趋势。

19 世纪中期前后,为了促进经济文化的输出和交流,有些欧洲国家将著作权的权利主体由本国公民扩大到外国人,通过签订双边或多边条约的方式给予外国人本国公民相同程度的著作权保护。在 1886 年,世界各国签订了《保护文学艺术作品伯尔尼公约》,成了现今世界大多数国家相互之间保护作品著作权的基础性公约。1952 年通过的《世界版权公约》和 1993 年通过的《与贸易有关的知识产权协议》(简称 TRIPS 协议),更是进一步加强了世界各国之间保护著作权的关联性和同步性。

二、著作权的属性

(一)著作权的取得具有自动性

当作品经作者创作完成后,该作品的著作权便伴随产生,无须经过其他程序。

(二)著作权的客体具有多样性

根据《著作权法》的规定,著作权的客体是作品,作品的范畴和种属类型多种多样,包括文学、艺术、工程设计、计算机软件等多方面。

(三)著作权的权利内容具有广泛性

著作权的权利内容主要包括人身权和财产权双重权利。

1. 著作权的人身权属性

根据《著作权法》的规定,我国著作权中的人身权包括发表权、署名权、修改权、保护作品完整权四项权能。

(1)著作人身权具有不可转让性

大陆法系国家认为著作权具有精神权利,著作人身权属于著作权人所独有的,具有不可转让性。

英美法系国家认为著作权只是一种财产权利,不具有人身权内容。因此著作权作为财产权利进行转让时没有人身权的问题。

我国《著作权法》虽然没有明文规定人身权是否可以转让,但在司法实务中通常认为著作人身权是不能转让的。

(2)著作人身权具有可继承性

关于著作权的人身性权利是否可以发生继承的问题,不同的国家有不同的规定。我国《著作权法实施条例》第十五条规定:"作者死亡后,其著作权中的署名权、修改权和保护作品完整权由作者的继承人或者受遗赠人保护。著作权无人继承又无人受遗赠的,其署名权、修改权和保护作品完整权由著作权行政管理部门保护。"因此在我国,不仅著作财产权可以发生继承,部分著作人身权也可以发生继承。

(3)著作人身权具有永久性

根据我国《著作权法》的规定,在著作人身权中,除发表权以外,署名权、修改权、保护作品完整权不因作者的死亡或著作权保护期限届满而灭失。

2. 著作权的财产权属性

(1)著作财产权具有可转让性

根据我国《著作权法》的规定,著作财产权是可以转让的。著作权人不仅可以将自己手中的作品通过转让的方式获取经济报酬,还可以与他人通过签订授权许可合同,将作品使用权授予他人并获取经济报酬。

（2）著作财产权具有期限性

根据我国《著作权法》的规定,著作财产权的法律保护是有时效性的。

（3）著作财产权具有可继承性

著作财产权可发生继承的主体限自然人,法人或其他组织只能通过非继承的方式发生著作财产权的转移。例如,当法人或其他组织发生变更、解散或撤销后,原法人或其他组织的著作财产权归变更后的组织所有。

第二节　著作权与相关权利的区别

一、著作权与所有权的区别

（一）客体不同

所有权的客体是动产和不动产等有形物体,一般表现为对有形物体的占有和支配。通常情况下,同一客体不能被多人同时使用,原因在于所有权人在其占有和使用的同时已经排除了他人占有和使用的可能。

著作权的客体是与智力活动相关的无形物,是思想内容的外在表现,当著作权客体的内容公开,可以被多人同时使用。

（二）权能处分不同

著作权的同一权能可以进行多次处分,而所有权不能就同一权利内容进行数次处分。

（三）权利的完整性不同

所有权作为绝对权,其权能属性是最为完整的,它不受时间、地域性的限制,除非有形物体发生毁损灭失,否则权利人所拥有的所有权会一直存在。

著作权也是绝对权,但其权能属性是不完整的,它会受到时间、地域性等诸多因素的限制。著作财产权只能在法定有效期内才受到法律保护,而且这种保护通常也只能在一国范围内有效。

（四）权利属性不同

著作权作为一种民事权利,不仅具有财产性,还具有人身依附性。而所有权只是单独表现为财产权属性。

二、著作权与专利权的区别

（一）保护对象不同

著作权不保护作者的思想本身,保护的对象是思想表达的外在具体表现,如文学作品、美术作品、电影作品。

专利权保护的对象是具有新颖性、创造性、实用性的创造发明,如手机的制造工艺和方法,工业产品具有独特性的外观设计等。

（二）保护条件不同

著作权并不要求其保护的对象是首创的,只要求其是独创的。若两部主题、内容相同的作品均具有独创性,《著作权法》便都给予保护。

专利权不会同时保护内容相同的两个发明创造,专利权会根据先申请原则只会将权利授予先申请人。

（三）权利产生程序不同

当作者将作品的创作完成后,著作权就会自动产生,作者不需要经过到任何行政机关履行登记、注册或审查手续。

专利权的产生需要经过国家专利机关的特别授权,申请人需要经过申请、审查、公布、颁发专利证书等必经程序后获得专利权。

（四）适用领域不同

著作权所保护的对象主要涉及文学、艺术领域;而专利权所保护的对象主要涉及工业生产领域。

三、著作权与商标权的区别

（一）权利属性不同

著作权是一种具有人身权与财产权双重属性的权利。商标权只是一种财产权。

(二) 法律要求的保护条件不同

著作权要求其保护的对象具有独创性,经过剽窃、抄袭所获得的作品无法受到《著作权法》的保护。

商标是以文字、图形等要素为区别商品的标志,它要求具有识别性和区别性。

(三) 权利取得的方式不同

著作权在作者将作品创作完成时会自动产生,无须经登记、注册、审查等行政程序;而商标权必须经过国家商标管理机关的审查后登记注册产生。

第三节　著作权法的范畴及其在民法中的地位

一、著作权法范畴

《著作权法》是保护作者及其他著作权人对其文学、艺术、科学领域作品所享有的专有权利的法律规范的总和。

我国著作权法有广义和狭义之分。狭义的著作权法是指《著作权法》,它又被称为形式意义上的著作权法。广义的著作权法除《著作权法》及其实施条例外,还包括《中华人民共和国宪法》《中华人民共和国民法典》和《中华人民共和国民事诉讼法》中的有关条文,最高人民检察院、最高人民法院有关著作权方面的意见、批复,行政法规和规章、地方性法规和规章中有关著作权方面的命令、指示、决议等。当我国参加缔结的有关著作权国际保护方面的条约、协定,经批准公布具有国内法效力时,也属于广义著作权法的范围。

二、著作权法在民法中的地位

第一,《著作权法》与《中华人民共和国专利法》《中华人民共和国商标法》是我国知识产权法的重要组成部分,也是民法体系的重要内容。

第二,与民法中的一般性法律规范相比,《著作权法》具有自身的特有性。如著作财产权附期限条件的转让,作者具有著作人身权等。

第三,与民法相比,《著作权法》作为特别法,当出现具体法律规范的适用与一般民法原理不一致时,按照特别法优于一般法的法律原则处理。

第四节　中国著作权制度的产生与发展

一、中华人民共和国成立前著作权的立法情况

著作权的立法是随着生产力的进步、科技水平的提升以及社会法治观念的提高而不断完善起来的。我国作为世界四大文明古国之一,发明了造纸术和印刷术,为人类文化知识的传播做出了巨大的贡献。在我国历史上,也较早地产生了著作权概念的雏形。在南宋光宗绍熙年间,四川眉州程舍人在出版记载北宋历史的《东都事略》一书中写道:"眉山程舍人宅刊行,已申上司,不许复版。"这意味着在经济、文化高度繁荣的南宋,官方的著作权保护制度已经形成,这是我国历史上关于著作权声明的最早记录。

南宋咸淳二年(1266),福建和两浙地方政府为太学博士祝穆刻印的《方舆胜览》等书,发表榜文:"禁戢翻刊"。意思是如果有人未经许可翻版盈利就属于侵权行为。因此,我国关于著作权侵权方面的官方规定在历史上是比较早的。但由于我国处于封建社会时间比较长,加之商品经济未能充分发展,封建统治阶级立法观念的滞后以及对民众思想观念的禁锢,我国近现代意义上的著作权立法落后于同时代的西方国家。

直到清宣统二年(1910年),清朝政府颁布了《大清著作权律》,这是我国历史上第一部具有真正意义的著作权法,与英国议会 1709 年通过的《安娜女王法》相比,时间上晚了 200 年。1915 年,北洋政府以《大清著作权律》为蓝本颁布了著作权法。1928 年,国民党政府也制定了著作权法。由于当时社会秩序动荡,国民党政府颁布几部《著作权法》都没有真正起到保护作者合法权益的作用,处于有名无实的状态。

二、新中国成立后著作权的立法情况

新中国成立后,党和政府对建立健全著作权相关制度十分关注。在 1950 年召开的全国第一次出版工作会议上,通过了《关于改进和发展出版工作的决议》,该决议对保护著作权做出了一些原则性的规定,如提出了"出版业应尊重著作权及出版权""尊重作家权益,不能卖绝著作权"的规定,这是新中国第一份关于保护作者著作权的政策性文件。1958 年,文化部制定了《关于文学和社会科学书籍稿酬的暂行规定(草案)》,这是新中国第一个关于稿酬的正式规定,同年便在北京和上海地区进行了试点。该草案后来又经历了多次调整和修改,在著作权保护层面也做出了相应的规定。

党的十一届三中全会之后,我国开启了制定著作权单行法的准备工作。期间,像《图书、期刊版权保护试行条例》《录音、录像出版物版权保护暂行条例》等行政法规、规章也陆续出台。1986 年,我国颁布了《中华人民共和国民法通则》,该法第九十四规定:"公民、法人享有著作权(版权),依法享有署名、发表、出版、获得报酬等权利。"这为著作权单行法的草拟和最终出台提供了法律依据。

经过多年的努力,《著作权法》于 1990 年经第七届全国人大常委会第十五次会议审议通过,并于 1991 年正式实施。该法充分地考虑了作者的合法权益,鼓励优秀作品的创作和传播,并合理规定了涉外著作权关系,为吸收外国的先进文化提供有力保障。2001 年,第九届全国人大常委会第二十四次会议审议通过了关于修改《著作权法》的决定。这是对《著作权法》的第一次修订,通过此次修订进一步扩大了著作权的保护范围,增加了著作权的权利内容,增加了著作权集体管理组织的相关规定,增加了对著作权人的救济措施、提升了著作权执法的力度。针对此次修改,新的配套的《著作权法实施条例》于 2002 年施行,增强了修订后的《著作权法》的可操作性。

2010 年 2 月,第十一届全国人民代表大会常务委员会第十三次会议通过《全国人民代表大会常务委员会关于修改〈中华人民共和国著作权法〉的决定》,自 2010 年起施行。将《著作权法》第四条修改为:"著作权人行使著作权,不得违反宪法和法律,不得损害公共利益。国家对作品的出版、传播依法进行监督管理。"并增加一条,作为第二十六条:"以著作权出质的,由出质人和质权人向国务院著作权行政管理部门办理出质登记。"

2020 年 11 月,第十三届全国人民代表大会常务委员会第二十三次会议通过《全国人民代表大会常务委员会关于修改〈中华人民共和国著作权法〉的决定》。《著作权法》修改后共 6 章,67 条,自 2021 年 6 月 1 日起施行。

第五节 中国著作权法的主要原则

一、保护作者权益原则

作者是社会思想文化进步和科技创新的重要力量,国家重视作者权益的保护,在法律层面上承认作者对其作品合法拥有的人身权和财产权,能够促进作者创作作品的积极性,丰富人民群众的精神文化生活。

二、鼓励优秀作品传播原则

作品的传播能够提高作品的使用率,提升作品的内在价值,丰富人们的精神世界。随着数字技术的不断进步,文学艺术作品的传播方式也越来越多元,越来越广泛。然而,作品传播方式的多样性同样也给侵权人侵权复制行为提供便利,作品的传播也需要权利人耗费大量的时间和精力,因此对作品传播复制技术提供必要的法律保护显得尤为重要。我国《著作权法》规定了邻接权制度就是鼓励优秀作品传播原则的重要表现。

三、作者利益与公众利益协调一致原则

通过他人作品获得创作灵感、借鉴前人的优秀成果、学习他人的经验和教训来取长补短是文学艺术作品的一种创作方式。作品虽然是作者的私人创作,但同样也属于整个社会的精神财富。因此法律给予作者的著作权保护也不是绝对的,任何人包括作者本人也不能形成绝对的垄断,要受到时间、地域等诸多因素的限制,以平衡公共利益和个人利益之间的关系,促进全社会文化、艺术和科学领域的交流与知识的进步。

四、与国际著作权法律制度发展保持一致原则

虽然著作权具有地域性的特点,除签订著作权国际公约或著作权双边互惠协定外,经一国的著作权法所保护的权利只在该国范围内发生法律效力。但随着作品传播技术的日新月异以及国际版权贸易的不断发展,很多优秀的文学艺术作品不断走出国门、走向世界,成了全人类共同的文化财富。因此,促进国际著作权制度的统一协调,在尊重各国著作权国情的前提下尽量保持各国著作权保护水平的一致性非常重要。

在中国加入世界贸易组织(WTO)后,在著作权制度建设方面与国际接轨的速度不断加快。根据 WTO《与贸易有关的知识产权协定》等国际条约的要求,中国在 2010 年专门对《著作权法》进行了修正,修正的内容涉及权利客体、权利内容等诸多方面,此次修正使得中国的著作权制度与国际基本接轨。目前,中国《著作权法》不仅保护中国公民的合法权益,与中国签有著作权相关国际公约、双边协议的相关国家公民的著作权权益依然受到中国《著作权法》的同等保护。

第二章 著作权的客体

第一节 作品的含义

虽然人们在社会生活中经常会用到"作品"一词,但这和《著作权法》上的作品有着明显的不同。例如,在广告设计领域通常将最终的设计成果称为"作品",而有些广告"作品"很难纳入《著作权法》保护的领域,比如有些广告只是几个字符的简单组成。因此,《著作权法》意义上的作品还是区别于人们生活中的"作品"。

《著作权法》第三条关于何谓作品做了解释:"作品是指文学、艺术和科学领域内具有独创性并能以一定形式表现的智力成果。"

案例

张某创作一幅画《日出东升图》。李某在欣赏这幅画时,不小心撕毁了这幅画。

问题

(1)张某请求李某承担侵犯著作权的责任,是否成立?

(2)张某请求李某承担侵犯物权的责任,是否成立?

参考结论

(1)不成立。张某的著作权客体是作品,是以画为物质载体的独创性表达方式,是一种无形财产,单纯的画作被撕坏只是物质载体的破坏,作品本身没有被破坏。

（2）成立。张某创作的画的原件是一件有形物，是张某所拥有的所有权的客体，李某不小心撕毁的行为侵犯了张某的物权。

案例

张某创作一幅画《日出东升图》，张某将该画以 100 万元的价格出卖给李某并收款，未做其他约定。后李某许可甲公司使用该画在全国投放平面广告（甲公司为此向李某支付报酬 500 万元）。

问题

（1）张某起诉甲公司侵犯著作权，能否成立？

（2）《日出东升图》这张画的原件与《日出东升图》这个作品有无区别？

参考结论

（1）成立。张某向李某转移的是画的原件的所有权和画的原件（不包括复制件）的展览权。除该画的原件的展览权外，该作品的其他著作权属张某所有。甲公司的行为侵犯了张某著作权中的复制权、作品复制件的展览权和获得报酬权。

（2）有区别。画的原件是物，是所有权的客体，属于有形财产；作品是有独创性的表达，是著作权的客体，属于无形财产，通过其外在表现方式能够被人们所感知；这幅画的原件是这个作品的载体及外在表现方式。

第二节　作品的特征

《著作权法》第三条对作品的含义进行了论述，其特征主要表现在以下几个方面：① 作品应当是人类的智力成果；② 作品须是可被客观感知的外在表达，能以一定形式表现；③ 作品的表现形式属于文学、艺术和科学范畴；④ 作品须具有独创性。

一、作品应是人类的智力成果

《著作权法》的立法本意是促进文学艺术作品的创作，因此只有人的智力活动才能受到法律的保护。大自然的优美风光虽然具有很高的观赏价值，但因为不属于人类的智力成果,所以也不属于《著作权法》意义上的作品。如崂山是中国的道教名山,自古被称为"神宅仙窟""海上仙山第一"。崂山的山峰,怪石嶙峋,鬼斧神工,或险峻或奇巧,这无疑是一个个浑然天成的艺术品。但这些山峰巨石非人们雕刻而成,不属于任何人的智力成果。再比如动物的"创作",如动物的鸣叫、涂抹,因不属于人类的智力成果,所以不是《著作权法》意义上的作品。

二、作品须是可被客观感知的外在表达

《著作权法》要求作品必须能以一定形式表现,换句话就是说作品必须能够以某种外在表达方式存在。单纯停留在脑海里的设计思路、思想情感不受《著作权法》保护。如编剧在撰写剧本前,首先会先整理一下自己的创作思路,选择创作的主题,搭建故事结构,只有当编剧将故事梗概落实到纸面时,才能说正式的开始作品的具体创作,写出来的剧本才是作品。

三、作品的表现形式必须属于文学、艺术和科学范畴

人类的智力成果多种多样,并不是所有的智力成果都属于《著作权法》保护的对象。《著作权法》保护的是能够展现人类思想内容的特定表达,如剧本、小说、漫画等文学、艺术领域的特定表达方式,在满足独创性条件下构成作品。与此同时,在科学领域内,如果某些表达方式如产品设计图、工程设计图等能够表现科学的美感,在特定的情形下也能构成作品。

四、作品须具有独创性

只有具备独创性的表达才是《著作权法》意义上的作品,因此是否具有独创性是作品区别于其他普通人类智力成果的关键要素。需要注意的是,并不是所有字面上符合《著作权法》第三条的智力成果就一定属于作品的范畴。如牛顿发现了第一、第二和第三运动定律。牛顿第一运动定律:一切物体在没有受到外力作用的时候,总保持匀速直线运动或静止状态,也就是惯性定律。牛顿第二运动定律:物体的加速度和物体所受的合外力成正比,跟物体的质量成反

比,加速度的方向跟合外力的方向相同。牛顿第三运动定律:两个物体之间的作用力和反作用力,在同一直线上,大小相等,方向相反。牛顿的三大运动定律是力学中重要的定律,牛顿为此也付出了大量的创造性智力劳动,但此三大定律无论在世界任何地方都不属于《著作权法》意义上的作品。

当判断一种劳动成果是否属于《著作权法》意义上的作品时,不能仅看其是否是"智力成果"、是否是"独立创作"、是否凝结作者创造性智力活动,还应结合《著作权法》的法律原理,将一些智力成果如思想、程序、原理等排除出去。因此,虽然《著作权法》第三条对作品的含义进行了规定,但只能认为该规定是满足作品构成要件的必要非充分条件。

(一) 独创性的"独"

《著作权法》中的独创性的"独"是指该智力成果是由劳动者本人独自创作完成,并非来自复制抄袭。具体包括两种情况:第一,从无到有的独立加工创作;第二,以现有作品为蓝本,在他人的基础上的再加工创作,且创作的新作品与他人原作品之间存在能够被人客观区别、并非太细小的差异。

1. 从无到有的独立加工创作

只要是自己独立创作的智力成果,即便是恰巧与他人的智力成果雷同,也符合独创性中"独"的要求。

2. 在现有作品基础上的再加工

如果是以现有作品为基础进行再加工、再创作而形成的作品,要想满足独创性中"独"的要求,新作品与原作品之间必须存在能够被人客观区别、并非太细小的差异。如果这些差异太过细微,则不符合"独"的要求,只能称为原作品的复制件。如期刊社的编辑给投稿人所投的论文进行字符和格式的修改,虽然也属于期刊出版发行的必要环节,但由此产生的智力成果与原论文之间的差异太过细微,修改过后的论文不符合"独"的要求。

问题

画家对其他画作的精确临摹是否产生了新的作品?

参考结论

画家在其他画作基础上的加工、创作要想构成新作品,必须是在原作品的基础上进行了实质性的改变和构图,应该给人一种明显的视觉差异。而临摹作品如果缺少了视觉上的对比差异,只是再现了原作品的相同表达,便不符合"独"的要求。传统中国古代书画人工临摹复制技术是我国一项重要的传统手工技艺,有着悠久的历史和清晰的传承脉络。新中国成立后,故宫博物院成立文物修复工厂,聘请金仲鱼、郑竹友、冯忠莲、金禹民、陈临斋等大师进入故宫,临摹故宫收藏的国宝级书画文物。作品包括冯仲莲摹《清明上河图》《虢国夫人游春图》,金仲鱼摹赵佶《听琴图》、郭熙《窠石平远图》、崔白《寒雀图》,陈临斋摹《韩熙载夜宴图》、胡环《卓歇图》《花竹锦鸡图》,刘炳森摹马王堆出土西汉帛画等,其中很多摹本已经被作为故宫的文物进行收藏,为中国的文物保护事业做出了贡献。这种水平高超的临摹文本可以受到《著作权法》以外的其他法律方式的保护,但无法作为新作品受到保护。如果一个绘画初学者想对某些画作进行临摹,但由于绘画技术水平有限,临摹的作品与原画作差别较大,反而可能满足"独"的要求而构成作品。

需要注意的是,从无到有的独立加工创作以及在现有作品基础上的再加工,产生的作品的权利层次不尽相同。从无到有的独立加工创作的作品,作者作为原创者可以独立许他人使用自己创作的作品。在现有作品基础上的再创作而成的作品属于演绎作品,第三人如果想使用该演绎作品,则需要得到原作品和演绎作品作者的双重许可。

(二) 独创性的"创"

独创性的"创"是指作者创作的智力成果应当达到一定高度的智力创造性,能够展现作者独特的选择和编排、体现作者特有的个性,具有匠心独运的韵味。"独"和"创"都是构成作品的必备要件,一个独立创作的表达如果没有达到一定的智力创作高度同样无法成为作品受到法律保护。例如,很多家长为了哄小孩子开心,让小孩子拿着笔在纸上随意画几道线条,这种漫不经心的"画作"很难构成法律意义上的作品。

独创性中的"创"要求留下一定的智力创造空间。

独创性中的"创"不要求达到专利法中"创造性"的高度。

独创性中的"创"并不要求具备深度的文艺价值,只是要求这种智力创造性不能过于低微,能够展现创作者富有个性的选择和编排。

思考

文字的长短对构成作品是否有影响?

参考结论

如果一种智力表达字数有限,只是少数字或词组的简单组合,很难达到"创"的要求,也很难完整地体现作者的内心情感、对外传播文艺美感和传递出完整准确的信息。因此文字的长短对能否构成作品具有很重要的影响,如电影的名称因字数内容表达的有限性,使得其不具备"创"的要求而难以独立于视听作品而成为单独的文字作品。

早期很多英美法系国家,认为劳动成果即便没有体现过多的智力创造因素,只要该成果能够反映出足够的独立辛苦劳动并具有一定的价值,便可以满足独创性的标准。这种判断独创性的标准被称为"额头流汗"标准。英国某法院曾根据该标准进行比拟:"对于一本有关道路里程的书的作者来说,必须由其亲自计算距离长短。对于一幅增加新的地理标志的地图来说,必须由作者亲自完成所有的测量工作,如果不经自己的劳动,便无权使用之前出版的任何信息。"这就意味着第二个出版地图的出版社无权借鉴之前出版社的地图信息,这与《伯尔尼公约》的精神相违背。《伯尔尼公约》认为受保护的作品应该是作者通过智力活动创造而出的成果,不仅仅是简单的体力劳动。正基于此,"额头流汗"标准受到了很多专家学者的猛烈批评。英美法系中的美国、加拿大等国也先后放弃了该标准。大陆法系国家中,《著作权法》意义上的作品不仅要求独立创作,还应该达到一定的创作高度,如《法国知识产权法典》就明确标明保护对象为"智力作品"等。

思考

自动生成的照片,包括大头贴、高速公路上设置的超速汽车自动拍摄装置拍摄的照片,是否具有独创性?

参考结论

不具有。所谓独创性,是指一件作品的完成是该作者自己选择、取舍、安排、设计、综合的结果,既不是根据已有的形式复制而来,也不是依照既定的程序推演而来,而自动生成的照片缺少作者的选择和编排,只是一种事实和现状的记录。

案例

在 20 世纪 50 年代,美国纽约一家艺术馆对法国雕刻家罗丹的作品《上帝之手》进行了等比例复制。由于复制的工艺十分高超,与原作几乎无差别。

问题

该缩小后的复制件是否构成作品？美国纽约南区联邦地区法院于 1959 年做出的判决认为构成作品，如果该案发生在现在，美国法院还会做出相同的判决吗？

参考结论

罗丹的作品《上帝之手》是有史以来最复杂的雕塑品之一。数不清的平面、线条以及几何结构在这个多维艺术品中相互依赖，在缩小的过程中，它们必须被极其精确地变成更小的尺寸，需要一个技术精湛的雕刻家在原作前花上许多的时间，缩小的过程中，任何部分只要有哪怕极小的差异，整体的外观就会被改变。这一缩小过程所需的工作量，远超过对一篇文学名著进行缩写所需的工作量。对一件伟大的作品制作按比例精确缩小的复制件，需要有极大的技巧和独创性。

美国纽约南区联邦地区法院于 1959 年做出的判决认为"精确缩小"本身可以形成新作品，同时还强调这一过程着实不易。然而，并非所有的复制都是可以轻松完成的，如对某些古代文物制作精确再现其原貌的等比例复制品，其制作过程可能比许多创作更加复杂与艰难。但无论过程如何，只要其最终成果仅精确再现了原有表达，而没有源于制作者本人的表达，就不可能形成作品。"上帝之手案"是由美国联邦第二巡回上诉法院下辖的纽约南区联邦地区法院于 20 世纪 50 年代审理的，而当时第二巡回上诉法院奉行的正是"额头流汗"标准。然而，早在美国联邦最高法院通过"Feist 案"彻底否定"额头流汗"标准之前，第二巡回上诉法院已经逐步放弃了该标准。由此可见，无论等比例缩小过程多么复杂与艰难，本身都不足以产生作品。

(三) 独创性与侵权认定的关系

国际上，在进行作品侵权认定时，通常会使用两个判断标准：是否接触和是否构成实质性相似。如果被诉侵权者能够接触到原告符合《著作权法》意义上的作品，且被诉侵权者的作品与原告的作品的内容构成实质性相似，在被诉侵权者无法定抗辩事由的情况下，则认定被诉侵权者的作品是侵权作品。至于被诉侵权者的行为侵犯原告何种权利，需要具体问题具体分析。

1. 智力成果具有独创性是作品受保护的前提

在著作权诉讼案件中，如果被诉侵权者能够证明原告的作品的某部分不具有独创性,即便被诉侵权者与原告的作品就该部分存在实质性相似,原告的诉求也无法得到支持。

案例

原告朱某自 1989 年起就开始以"火柴棍小人"作为主题人物形象创作了《小小特警》等一系列网络动漫,并对这些动漫进行了著作权登记。2003 年,美国某公司及其在中国的子公司为了推广新产品,通过网络、电视和地铁发布了其拍摄的宣传广告片,其中含有与"火柴棍小人"相似的"黑棍小人"形象。朱某认为某公司侵犯了自己对"火柴棍小人"平面形象的著作权。一审朱某胜诉。

二审北京市高院经审理后认为:根据现有证据,在"火柴棍小人"和"黑棍小人"形象出现前,即已经出现以圆球表示头部、以线条表示躯干和四肢的创作人物形象的方法和人物形象,但以"火柴棍小人"的创作过程及表达形式看,该形象确实包含朱某的选择、判断,具有他本人的个性,朱某力图通过该形象表达他的思想,因此"火柴棍小人"形象具有独创性,符合作品的构成条件,应受《著作权法》保护。由于用"圆形表示人的头部,以直线表示其他部位"方法创作的小人形象已经进入公有领域,任何人均可以以此为基础创作小人形象。另外"火柴棍小人"形象的独创性程度不高。因此,对"火柴棍小人"形象不能给予过高的保护,同时应将公有领域的部分排除出保护范围。将"火柴棍小人"形象和"黑棍小人"形象进行对比,二者有相同之处,但相同部分主要存在于已进入的公有领域,无法得到《著作权法》保护,两者的差异部分恰恰体现了各自创作者的独立创作,因此,不能认定"黑棍小人"形象使用了"火柴棍小人"形象的独创性部分,"黑棍小人"形象未侵权朱某"火柴棍小人"形象的著作权。

2. 被诉侵权者的成果具有独创性并非其合法抗辩事由

是否具有独创性是判断该智力成果构成《著作权法》意义上作品的判断标准,并非认定该智力成果是否属于侵权作品的标准。一种智力成果具备独创性不能成为被诉侵权者合法的抗辩事由,其智力成果既可能属于《著作权法》意义上的作品,同时又侵犯了他人的著作权。例如,莫言以抗日战争及 20 世纪 30、40 年代高密东北乡的民间生活为背景创作了小说《红高粱》。一位漫画家将《红高粱》的故事情节以漫画的方式进行了完整呈现,该套漫画虽然符合独创性的要求,构成一个新的作品,但若事先未经莫言的授权,该作品属于侵权作品。

3. 司法实践层面判断侵权行为的标准

所谓独创性,即智力成果是由作者独立完成的,且该智力成果具有一定程度的智力创造性,能够体现出作者独特的智力判断与选择。就美术作品而言,其独创性往往表现在线条、色彩的运用上。从我国目前的司法实践来看,我国法律对独创性的要求并不高,除非是一些简单随意的涂鸦,具有"一定审美和艺术高度""平面的或立体的"美术作品,一般情况下都能受到著作权法保护。

对于争议作品,在确认该作品具有独创性后,对于其是否构成著作权侵权,则要以"接触 + 实质性相似"的标准去判定。所谓"接触",并非指一定看到或摸到,而是指一种接触的可能性,即被诉侵权人有可能接触到被侵权人的作品。如果某一美术作品从未发表过,说明没有接触的可能性,没有接触则无法构成侵权;如果该作品公开发表了,如文章在网络上发表、图书出版、画作公开展览等,无论被诉侵权人是否看到了这一作品,都可以推定具有"接触"的可能性。

"实质性相似"则是指侵权人作品与被侵权人作品有一定程度的相似。在进行相似度比对时,首先应区分哪些是作品的独创性部分,只有独创性部分构成实质性相似,才有可能构成侵权;如果构成实质性相似的部分为公有元素,即非独创性部分,则作品不构成侵权。例如,两幅美术作品均是在借鉴前人某幅画作的基础上进行的创作,可能存在部分相似,这时就需要先剔除非独创性部分,再对两部作品的独创性部分进行比对。此外,当作品类型一致时,相似度达到一定程度自然可以推定为"实质性相似",但是当作品类型不同时,也可能构成实质性相似。例如,某作家创作了一本小说,后有某影视公司未经授权便依据该小说拍摄了一部电视剧,若能从电视剧的具体情节中推定出电视剧与该作家作品讲的是同一故事,则文字作品与影视作品可能构成实质性相似。

目前,"实质性相似"的判断方法主要有以下几种:一是整体观感法,也称普通观众测试法,即无须刻意区分哪些内容属于思想,哪些内容属于思想的表达,从大众角度理性看待一件作品是否构成相似,强调大众对某一作品的艺术感受和精神体验。二是"三步检验法"标准,也称抽象测试法,具体包括抽象、过滤、比较三个部分,即由法官或司法领域专家首先通过思想表达二分法进行抽象分析过滤掉作品中不受版权保护的思想和公共领域的内容,再判断作品中独创性部分是否与其他作品构成实质性相似。三是内外部测试法,即首先使用外部测试法来确定原被告作品是否传达相同的思想,然后在此基础上使用内部测试法分析思想层面的相似性是否可导致表达层面的相似,该种方法需要与上述两种方法佐证配合。此外还有逐字逐句比对的解构方法,等等。

案例

2006年7月,李鹏以"龙一"为笔名,将小说《潜伏》发表在2006年第7期《人民文学》。该杂志目录页印有"龙一,潜伏(短篇小说)"字样。其后被2006年第9期《小说月报》转载。2007年1月,作家出版社出版了石钟山《地下,地上》一书,该书版权页有"作者石钟山,作家出版社出版发行,2007年1月第1版,第1次印刷"等字样。石钟山创作的作品《地下,地上》的"地下"部分,与李鹏创作的作品《潜伏》有以下相同或近似之处。

故事背景:二者均为军统局。

故事结构:二者均描写了男、女主人公在追求共同目标的过程中,由于身份、性格、文化和经历的差异不断引发矛盾和冲突的故事,两部小说的主要故事情节均是以此为基础设置和推进的。

具体情节:① 在男主人公的档案里,显示出男主人公是有妻子的;② 男主人公在军统局有较高职位;③ 接家眷到军统局;④ 男主人公通过照片识别女主人公相貌;⑤ 女主人公到达军统局后,站长为其接风;⑥ 接风时,男主人公担心女主人公露出破绽;⑦ 女主人公得到站长的认可或赞美;⑧ 站长太太对女主人公表示友好或喜欢;⑨《潜伏》中有女主人公冒险偷文件的情节,《地下,地上》中有女主人公冒险夺枪的情节;⑩ 女主人公制造险情后,男主人公有将女主人公送走的想法;⑪ 男、女主人公在地下工作过程中长时间相处,但无意结为夫妻;⑫ 男主人公临别时,女主人公表露情感,要求男主人公一定要回来;⑬ 男主人公为女主人公在地下工作中的表现写工作鉴定;⑭ 男主人公最终同意由女主人公从事较为重要的地下工作;⑮《潜伏》中的特勤队队长老马和《地下,地上》中的执行队队长马天成,分别是两部作品中的男、女主人公从事地下工作时面临的主要危险人物。

主要人物设置:《潜伏》设置了男主人公余则成、女主人公翠平、站长、站长太太、特勤队队长老马、接头的同志和上级领导七个主要人物;《地下,地上》设置了男主人公刘克豪、女主人公王迎香、站长徐寅初、站长太太沈丽娜、执行队长马天成、接头的同志阿廖沙、上级领导及其他一些人物。两部作品的上述人物之间的相互关系基本对应。

男主人公：两部作品的男主人公在军统局都有较高职位，在地下工作中取得了很大成功，对于女主人公从事地下工作的表现，均表现出了担心或不赞成的态度。

女主人公：两部作品的女主人公都来自游击队，性格上均有勇敢、鲁莽、革命热情高的特点。

关于历史性错误：1946年6月，军统局改组为国民党国防部保密局，而两部作品在1946年6月之后的情节设置中，仍然沿用军统局的称谓。

原告李鹏诉称：2005年12月，我创作完成小说《潜伏》，并在2006年第7期《人民文学》上公开发表，并被2006年第9期《小说月报》等三家刊物进行转载。2007年，我发现，由作家出版社出版发行的署名作者为石钟山的小说《地下，地上》于2007年1月发行销售。经对比，我发现《地下，地上》中"地下"部分无论是在故事结构、主要背景、人物关系设置上，还是在人物性格塑造上，均与《潜伏》存在相同或实质性相似，实际上是抄袭了《潜伏》中具有独创性的内容，侵犯了我的著作权。为维护自身合法权益，现诉至法院，请求依法判令被告石钟山、作家出版社：① 立即停止侵权，即停止《地下，地上》一书的出版发行；② 在《法制日报》上向我赔礼道歉；③ 赔偿经济损失20万元、精神损害抚慰金1万元；④ 赔偿我因维权而支付的费用2万元；⑤ 承担本案诉讼费用。

被告石钟山辩称：《地下，地上》这部长篇小说创作构思于2005年上半年。我想创作一部关于打入敌人军统内部，为我军窃取情报，后又浮出水面的敌特题材小说。在构思中，本人搜集了大量关于地下工作者的资料，最后，将小说主人公定为一对假扮夫妻的革命者，在共同打入敌人内部后，同生共死的关于革命事业和爱情的故事。我在2005年底开始进行创作，2006年5月初完成了长篇小说《地下，地上》。同年5月，我与某文化公司就出版该小说进行商洽，同时与北京市在扬文化传播有限公司签订该长篇小说话剧版权转让合同。作为一位部队作家，20年来，我一直坚持创作反映我军历史的文学作品。至于天津作家李鹏小说《潜伏》，我从未读过。在原告小说《潜伏》发表之前，我就已经创作完成了长篇小说《地下，地上》。《地下，地上》是以解放战争时期真实背景作为创作依据，而以假夫妻名义打入敌人内部、为我党获取情报的真实事例在当时可说是不胜枚举。综上，我认为本人创作的长篇小说《地下，地上》与原告短篇小说《潜伏》毫无关系，请法院依法驳回原告的诉讼请求。

被告作家出版社辩称：我社已经尽到认真审读稿件、慎重决定出版的义务，故我们对原告诉讼请求不予认可。

北京市丰台区人民法院经审理后认为：《潜伏》和《地下，地上》是由不同作者就同一题材创作的作品，作品的表达系独立完成并且有创作性，作者各自享有独立的著作权。故原告李鹏诉石钟山和作家出版社侵犯其著作权的诉讼请求理由不足，法院不予支持。李鹏不服原审判决，提起上诉。北京市第二中级人民法院判决驳回上诉，维持原判。

案例分析

"接触"加"实质相似"，是作品构成剽窃的判断标准。所谓"接触"，是指在先作品可为公众获得，或者由于某种特殊原因，使后创作者有机会获得该作品。"实质相似"是指在后作品与在先作品在表达上存在实质性的相同或近似，使读者产生相同或近似的欣赏体验。当同时符合"接触"和"实质相似"两项标准时，可以认定在后创作的作品构成了对在先作品的剽窃。

1. 两部作品是否产生"接触"的问题

本案中，石钟山在原审中提交了时代文艺出版社北京发行部出具的证明、石钟山与北京市在扬文化传播有限公司签订的《地下，地上》一书话剧改编权转让合同，用以证明其于 2006 年 5 月已经创作完成作品《地下，地上》，但上述证据及二审期间的证人证言，均缺乏充分的证明效力。

经法院释明，石钟山未能提供作品创作底稿、创作素材、与作家出版社签订的出版合同、出版《地下，地上》作品的校样，以及用以证明上述话剧改编权转让合同实际履行的证据材料等，以佐证其关于作品《地下，地上》创作时间的主张，因此，法院对石钟山的上述主张不予采信。根据法院确认的"2006 年 7 月，作品《潜伏》公开发表；2007 年 1 月，作品《地下，地上》公开出版发行"的事实，法院认定石钟山在创作《地下，地上》作品前可以接触作品《潜伏》。原审法院认为"在确定被告有抄袭可能性的情况下，再予认定关于'接触'的证据及事实"不妥，二审法院予以纠正。

2. 两部作品是否构成实质相同或近似的问题

根据我国《著作权法》的相关规定，《著作权法》所保护的是思想或感情的表现，即著作权法所保护的不是作品所体现的主题、思想、情感以及科学原理等，而是作者对这些主题、思想、情感或科学原理的表达或表现。因此，要判断文学作品之间的表达是否实质性相似,首先要区分作品的思想与表达,从而准确地确定作品受到著作权法保护的范围。在文学创作中,作品的构成元素包括思想、人物、情节、场景以及语言等。这些元素由抽象到具体,形成一个以思想为核心逐层向外辐射的作品体系。对于文学作品而言,"思想"与"表达"在很多情况下都处于混合状态,特别是人物、情节、场景这些非字面的创作元素,往往处于纯粹的思想与纯粹的表达之间,兼具两者的特点,因此,有些可能因流于一般而被归入思想的范畴,也有些可能因独具特色而被视为表达。法院认为,对于如何判定文学作品中处于"模糊区"的创作元素是否属于著作权法的保护范围,应以抽象性和独创性为判断标准对其进行具体衡量,基本的规则是:越抽象越接近于"思想",越富于独创性越接近于"表达"。其中,对于独创性的把握要突出创作元素的个性特征。

(1)关于故事背景相似的问题

虽然涉案两部作品都采用了"军统局"作为故事发生的时代背景和情节设置的主要环境,但该要素属于公有领域的范畴,不为某个文学创作人员所独占,亦不属于我国《著作权法》所保护的范围。

(2)关于本案故事结构的相同部分的问题

本案中,李鹏主张,《潜伏》突破了在此以前军旅题材中关于夫妻关系和谐这种格局,其用客观存在的夫妻关系不和谐的真实背景,塑造了《潜伏》这一故事。法院认为,情节发展的基本脉络只有具体到一定程度,能够表现出作者构思的独特个性时,才受到《著作权法》的保护。李鹏主张的上述情节架构,由于过于抽象,仍属于与创作主题相关的"思想"范畴,不能够受到我国《著作权法》的保护。

(3)关于本案部分情节相同或近似的问题

情节是整部作品的灵魂和精华所在,它直接影响着读者的欣赏体验,决定一部作品与另一部作品之间质的区别。法院虽然确认涉案两部小说均表现了男、女主人公在追求共同目标的过程中,由于身份、性格、文化和经历的差异不断引发矛盾和冲突的故事,两部小说的主要故事情节也都是以此为基础设置和推进的。但是,根据法院查明的事实,两部作品不仅在情节发展的关键环节、情节推进的方式、各个情节之间的逻辑关系设置上存在差异,而且在大量的情节描述、细节设置上存在显著区别。上述区别使得读者对于上述两部作品会产生不同的欣赏体验。同时,鉴于两部作品的创作题材基本一致,两位作者对于公有领域素材的应用必然会导致一些描述或创作元素的相同或近似,因此,虽然法院确认了两部作品存在一些具体细节描述和创作元素的相同或近似,但上述相同或近似之处难以形成具有较强逻辑关系的情节脉络,从而实质上影响或者改变读者对于两部作品产生的不同欣赏体验。

(4)关于本案人物性格和人物关系设置相同或近似之处的问题

关于李鹏主张的两部作品的人物性格、人物关系设置的相同或近似之处。法院认为,人物的核心要素——性格是在作品的情节中体现出来的,对情节有很大的依赖性;人物的重要组成部分——人物关系也渗透在情节的发展变化中。由于涉案两部作品的具体情节的设置不相同,故两部作品反映出的具体人物性格、人物关系设置方面亦存在差异。另外,文学作品的创作,必然要受到作者所创作题材和其设置的故事背景的限制。因此,在同一时代背景下,根据同一题材创作的不同作品,在角色描写和人物设置方面存在一定的相同或近似,是难以避免的。本案中,法院虽然认定两部作品在人物性格、人物关系设置方面存在一定的相同或近似之处,但由于上述相同或近似之处缺乏相应的个性化特征,从而难以使得该创作元素脱离公有领域,受到著作权法的保护。

(5)关于涉案两部作品存在相同历史性错误的问题

虽然法院认定两部作品在有关"军统局"称谓的问题上,存在相同的历史性错误,但该事实不能够证明两部作品在表达形式上的近似与否。

综上,法院认定,石钟山创作的作品《地下,地上》与李鹏创作的作品《潜伏》在表达上不构成实质相同或近似。因此,作品《地下,地上》不构成对作品《潜伏》的剽窃或改编,李鹏关于石钟山、作家出版社的涉案行为侵犯其对作品《潜伏》享有的著作权的主张不能成立。

第三节　非著作权法保护的对象

一、思想

《著作权法》不保护思想、观念、构思、思路、创意、概念、系统、操作方法、技术方案,只保护文学艺术领域内作者思想的表达。《与贸易有关的知识产权协议》第九条规定:"著作权保护应延及表达,而不延及思想、工艺、操作方法或数学概念之类。"

(一) 何谓思想

思路、理论、概念、构思、创意、客观事实属于狭义的思想范围,而技术方案和操作流程、方法则为广义的思想范围。

《著作权法》不保护思想的原因在于:著作权本质属于法律层面上赋予权利人的一种垄断性的权利,是一种对世权,意味着未经权利人许可任何人均不可使用。若思想被纳入著作权保护的范围,那未经许可使用他人的思想便构成侵权。如若这样,知识的传承就会出现停滞,因为很多知识是由前人提出并广为人们所接受的思想。事实上,无论是人们进行文学创作还是艺术领域的创新,均不可避免地建立在前人思想的基础之上。即便是世界顶级的文学巨匠和艺术大师,他们在进行文学论著和艺术创作时,也都会或多或少地利用前人的思想成果。从立法目的来看,法律赋予权利人著作权最终目的是为了鼓励创新,而将思想纳入著作权保护范围却阻碍了社会的进步,这与立法者的本意相违背。

电影行业经常有所谓"跟风"拍摄的做法。一部电影如果在票房或口碑上取得了成功,市面上相同或类似题材的电影往往也会一哄而上。如1989年,由王晶执导,周润发、张敏、刘德华、王祖贤主演的《赌神》在香港大卖,随后掀起一股赌片风潮,香港很多导演都将拍摄题材都转向了此类影片。由周星驰领衔主演的《赌侠》《赌圣》两部影片也相继问世。片中,周星驰一改周润发帅酷高大形象,转为泼皮无赖的小人物,电影公映后,反响异常强烈,两部电影票房都超过4000万港币,一举打破香港电影历史记录,无厘头喜剧风格也就此问世。2019年根据刘慈欣作品改编的国产科幻电影《流浪地球》上映,取得了46.8亿人民币的票房收入的佳绩,同年根据江南的同名小说改编的科幻电影《上海堡垒》也上映。后续"跟风"拍摄的相同或类似题材的电影都相当程度上借鉴了第一部电影的思想内容,但并不能因此得出"跟风"电影侵权的结论。究其原因在于著作权只保护思想的表达,而不保护思想本身。电影行业的"跟风"拍摄也反映出著作权不保护思想可以一定程度促进作品的创作。

案例

某著名大学教授高某,历经 10 年苦心造诣,发现并确认了一段历史事实:"唐朝安史之乱时,当杨贵妃被唐明皇赐死之际,为一商贾所救,二人携手逃至日本并定居,在此隐姓埋名 30 载。"高某针对这一发现史实连发数篇论文,引发巨大的社会轰动效应。北京作家张某听闻后,以此为基础,创作了小说《贵妃东渡》,一时读者众多。因心里气不过,高某将张某起诉至北京市海淀区人民法院,要求张某承担侵权著作权的责任。

问题

张某是否侵犯高某的著作权?

参考结论

苦心造诣获得的客观事实,属于广义的思想范围,不受《著作权法》保护。故高某的诉讼请求应被法院判决驳回。但若张某抄袭了高某发表的论文,就构成著作权侵权了。因为论文是对史实的具体表达,若具独创性,就是作品,享有著作权。

案例

某著名大学教授高某发明了一种"人造草坪",并向国家专利局申请获得了产品专利。王某在网上获取该专利说明书后,批量制造"人造草坪"并迅速抢占市场,年获利一亿元。高某发现后立即将王某诉至法院。

问题

王某是否侵犯高某的著作权?

参考结论

"人造草坪"产品专利,是一种技术方案,属于思想范围,是专利权的客体,但不能为著作权客体。若高某状告王某侵犯自己的专利权,可能会获法院的胜诉判决。但若高某状告王某侵犯自己的著作权,法院应判决驳回诉讼请求。

(二) 思想与表达的分界

《著作权法》只保护思想的表达,而不保护思想。

《著作权法》保护的作品种类很多,都存在着思想与表达区分的边界问题。如剧本、小说等文字作品,思想与表达的区分便十分复杂。文字作品往往需要先确定一个主题,可以是武侠类的、侦探推理类的、历史类的、言情类的、军事类的、科幻类的,作者再围绕着主题进行内容的展开。这里提到的主题属于思想的范畴不受《著作权法》的保护。先前使用某主题进行文字创作的作者不能阻止其他人使用相同主题进行创作。《最高人民法院关于审理著作权民事纠纷案件适用法律若干问题的解释》第十五条规定:"由不同作者就同一题材创作的作品,作品的表达系独立完成并且有创作性的,应当认定作者各自享有独立著作权。"

与此同时,作者关于剧本、小说等文字作品故事细节的描写,则属于思想的表达。作者若借鉴他人作品的题材而创作出不同内容的小说不构成侵权,若完全抄袭他人作品的细节内容便构成侵权。在作品主题和故事细节描写之间,还包含故事的主线、故事的情节、故事的矛盾冲突、人物关系、人物性格等内容,这些内容是属于思想还是表达呢?

对于一部剧本或小说而言,能纳入思想范畴的绝不只有主题。从故事内容的具体描述到作品的主题,是一个自下而上的金字塔结构,是一个不断抽象概括的过程。在金字塔的最底端,是每个字的文字表达,我们可以对每句话进行抽象概括,提炼出每个段落的主要意思;然后对每个段落的主要意思进行抽象概括,提炼出每个章节的主要意思;然后对每个章节的主要意思进行抽象概括,提炼出整部作品的主题思想。在自下而上的抽象概括过程中,是一个层层递进的关系,被抽象概括的内容相较于下一层面属于思想,而相较于上一层面则属于表达。在金字塔结构的底端和顶端间,会存在一条分界线,分界线之上属于思想,分界线之下属于表达。

案例

2002 年 8 月 14 日,庄羽以"许愿的猪"为笔名将小说《圈里圈外》在天涯社区网站舞文弄墨版块发表。2003 年 2 月,《圈里圈外》由中国文联出版社出版,作品署名"庄羽"。2003 年 8 月 19 日,郭敬明作为甲方与作为乙方的春风出版社就出版郭敬明的《梦里花落知多少》一书订立图书出版合同。庄羽认为郭敬明的作品涉嫌抄袭便将其诉至法院。

法院经审理后认为:两部作品有 12 个主要情节明显雷同。以第一个情节为例,《圈里圈外》中描写张小北请初晓为张萌萌帮忙,因最终没有办成,初晓被张小北误认为没有给钱而故意拖着不办,初晓十分郁闷。与之相应,《梦里花落知多少》中的情节发展及结局均与《圈里圈外》中相同。

与此同时,庄羽在诉讼中坚持指控的 57 处"一般情节侵权和语句"中,部分内容明显相似,如《圈里圈外》中有"怕什么来什么,怕什么来什么,真的是怕什么来什么"(见原作第 153 页),《梦里花落知多少》中有"怕什么来什么,怕什么来什么,真是怕什么来什么啊!"(见原作第 91 页);部分内容比较相似,如《圈里圈外》中有"我特了解李穿,她其实是个纸老虎,充其量也就是个塑料的"(见原作第 6 页),《梦里花落知多少》中有"像我和闻婧这种看上去特二五八万的,其实也就嘴上贫,绝对纸老虎,撑死一硬塑料的"(见原作第 54 页)。郭敬明虽然辩称上述情节、语句是一般文学作品中的常见描写,但未提供充分证据予以证明,法院对其主张不予支持。

法院经调查后认为:小说是典型的叙事性文学体裁,长篇小说又是小说中叙事性最强、叙事最复杂的一种类型。同时,文学创作是一种独立的智力创造过程,更离不开作者独特的生命体验。因此,即使以同一时代为背景,甚至以相同的题材、事件为创作对象,尽管两部作品中也可能出现个别情节和一些语句上的巧合,不同的作者创作的作品也不可能雷同。本案中,涉案两部作品都是以现实生活中青年人的感情纠葛为题材的长篇小说,从以上本院认定的构成相似的主要情节和一般情节、语句的数量来看,已经远远超出了可以用"巧合"来解释的程度,结合郭敬明在创作《梦里花落知多少》之前已经接触过《圈里圈外》的事实,应当可以推定《梦里花落知多少》中的这些情节和语句并非郭敬明独立创作的结果,其来源于庄羽的作品《圈里圈外》。在小说创作中,人物需要通过叙事来刻画,叙事又要以人物为中心。无论是人物的特征,还是人物关系,都是通过相关联的故事情节塑造和体现的。单纯的人物特征,如人物的相貌、个性、品质等,或者单纯的人物关系,如恋人关系、母女关系,都属于公有领域的素材,不属于《著作权法》保护的对象。但是一部具有独创性的作品,以其相应的故事情节及语句,赋予了这些"人物"以独特的内涵,则这些人物与故事情节和语句一起成了《著作权法》保护的对象。因此,所谓的人物特征、人物关系,以及与之相应的故事情节都不能简单割裂开来,人物和叙事应为有机融合的整体,在判断抄袭时亦应综合进行考虑。本案中,庄羽在《圈里圈外》中塑造了初晓、高源、张小北等众多人物形象,围绕这些人物描写了一个个具体的故事情节,通过这些故事情节表现出了人物的特征和人物关系。例如,在《圈里圈外》中,男主人公高源出车祸受伤昏迷,住进医院,女主人公初晓来看望,高源苏醒,两人开玩笑,初晓推了高源脑袋一下,导致高源昏迷。这一情节既将人物的个性表现出来,同时也将二人的恋人关系以独特的方式表现出来。而在《梦里花落知多少》中,在男女主人公之间也有几乎相同的情节,只是结果稍有不同。将两本作品整体上进行对比,《梦里花落知多少》中主要人物及其情节与《圈里圈外》中的主要人物及情节存在众多雷同之处,这进一步证明了郭敬明创作的《梦里花落知多少》对庄羽的作品《圈里圈外》进行了抄袭。故本院对郭敬明和春风出版社关于《梦里花落知多少》系郭敬明完全独立创作的作品的主张,不予支持。

此案是没有进行内容的全面抄袭而因情节类似最终被认定著作权侵权的案例之一。两部作品在故事情节、人物关系等方面存在诸多相同或类似之处,甚至在具体的语句表达中相同之处也有很多,超出了思想的范畴,进入了表达的领域。

思想和表达的分界线到底处于金字塔结构的什么位置,需要具体问题具体分析。对于剧本、小说等文字作品来说,表达不应该仅限于金字塔最底端的部分,即每个字每句话的语言描述、遣词造句。像一部分人物角色、故事情节等如果具体到一定程度,也可能属于表达。文字内容越抽象概括,越接近金字塔顶端,越有可能被认定为思想。文字内容越具体,越接近金字塔底端,越有可能被认定为表达。

(三)"混同原则"和"场景原则"

"混同原则"是指如果一种思想只能通过一种或几种有限的表达方式表达,那这些有限的表达方式会被视为思想而不受《著作权法》的保护。如我国《计算机软件保护条例》第二十九条规定:"软件开发者开发的软件,由于可供选用的表达方式有限而与已经存在的软件相似的,不构成对已经存在的软件的著作权的侵犯。"再比如,篮球比赛中有二次违例规则。这种规则本身可以被认定为一种思想,但如果用简洁的语句来表达出来,如"运动员运球后双手触球,此时再次运球就算二次运球违例",即便换其他人表述,表达的结果也大同小异。因为在语言表达尽可能简练的情况下,能够对该规则阐述的词汇和表达方式也是很有限的。此时,思想和表达就会发生一定程度的混同,无法进行实际区分。如果将此类表达纳入《著作权法》的保护范围内,势必会造成思想上的垄断。因此,立法者会将这种表达方式从保护的范围内剔除。

"场景原则"是指在文学作品中,根据所处的历史背景、社会经验、行业惯例,在表达某类作品主题时而必须使用特定的场景要素,那这些场景要素即便在先作品使用过,在后作品如果使用也不构成侵权。

例如，像《宫心计》《美人心计》《倾世皇妃》《美人天下》《甄嬛传》为代表的宫斗剧，一般都会有姐妹反目、毒药、苦肉计、"狸猫换太子"、太监与妃嫔之间的感情、皇上痴情、皇后狠毒等场景和桥段。在欧美的吸血鬼题材电影中，像棺材、坟地、十字架、猫头鹰等场景是十分常见的，即所谓的"标准场景"，如果不使用这些场景拍摄的电影作品就会显得不伦不类。像这些特定主题作品中的"标准场景"不属于《著作权法》保护的范畴。

二、其他不受著作权法保护的智力成果

(一)官方文件和正式译文

《著作权法》第五条规定："本法不适用于法律、法规，国家机关的决议、决定、命令和其他具有立法、行政、司法性质的文件及其官方正式译文。"

需要说明的是，不受《著作权法》保护的官方文件和译文完全可能符合独创性的要求。很多法院判决书的内容不仅具有深厚的法学理论素养，还颇具文采，不仅体现了公平正义，还顾及了群众真情实感，俨然构成一篇优秀的法学论文。但由于官方文件和译文涉及社会的方方面面，立法者希望通过这些文本让尽可能多的群众进行学习和了解，鼓励群众进行复制和传播。而著作权是一种专有性权利，未经著作权人的许可任何人都不能进行利用和传播。因此，立法者将官方文件和译文剔除出《著作权法》保护的范围，使用者可以不经许可合法合理地使用这些官方文件和译文。

(二)单纯事实消息

单纯事实消息是指对事件发生的时间、地点、人物、原因、方式等信息进行简单的描述。例如，国务院决定于2020年11月1日零时开展第7次全国人口普查，对于人口普查员的统计工作而言，他们并没有创造出人口统计数字，统计结果是根据实际走访调查而得出，统计数据属于单纯事实消息非作品。单纯事实消息包括历史事实消息、科学事实消息、单纯的时事新闻等。最高人民法院在(2020)最高法民申2096号案件的再审审查与审判监督民事裁定书中指出："仅有'时间、地点、人物、事件、原因'最为简单的表达会采用的文字或口头表达可以视为单纯事实消息，只有构成单纯事实消息的新闻报道不受法律保护。"全国人大常委会法制工作委员会民法室在其组织编写的《著作权法释解》

中指出:"《著作权法》不适用于时事新闻的主要原因在于'时事新闻是反映一种客观事实的存在,它不属于作品的范围,单纯的报道在某时某地发生了某种事情,无须付出什么创造性劳动,只要如实地反映时事即可'。但是,如若在新闻报道中添加了个人观点或思想倾向,夹述夹议地对新闻进行了加工整理,对于这样的报道,新闻工作者也付出了创造性智力劳动,应当属于《著作权法》保护的对象。"

从目前广播电台、电视台、报纸、互网络等媒体平台的新闻模式来看,通常情况下报道单纯事实消息的新闻数量非常有限,在报道时事类新闻时往往会添加分析和评论。因此,相关主体不能想当然地认为他人制作的新闻就一定属于单纯的事实消息而随意使用,通过"搬运""洗稿"等方式抄袭剽窃、篡改删减他人新闻作品可能构成侵权而面临诉讼风险。

(三) 历法、通用数表、通用表格和公式

《著作权法》第五条规定:"本法不适用于:历法、通用数表、通用表格和公式。"历法是推算年、月、日,并使其与相关天象对应的方法,是协调历年、历月、历日和回归年、朔望月和太阳日的办法,如农历、公历等。像"$y=kx+b$"函数公式以及通用数表,如函数表、百数表、元素周期表等,是对自然界中客观存在的现象、变化过程以及特性和规律的展示,属于思想的范畴。即便将历法、通用数表、公式看作是一种表达,也是思想唯一或有限的表达方式,发生了思想和表达的混同,不受《著作权法》保护。像会计记账表格等通用表格因被社会大众使用多年,早已进入公有领域,不会受到著作权的保护。像简历表、课题申报表等非通用表格,即便表格的设计很有创意,由于其设计的初衷是为了统计信息而非传递信息,也很难被认定为文字作品获美术作品受到《著作权法》的保护。

(四) 操作方法、技术方案

著作权保护不保护产品的操作方法、技术方案,只保护具有独创性的表达。像产品的操作方法、技术方案应当属于专利权的保护范围,一旦该技术方案的发明人或设计人取得了专利权,任何人未经其同意,均不得使用。如果权利人将该操作方法、技术方案以论文的方式公之于众而未申请专利,权利人可以对该篇论文取得著作权,但操作方法、技术方案却因公开成了社会公共财富。科研论文的经济价值与技术本身的经济价值往往不能相提并论。

（五）体育竞技活动

体育竞技活动往往展现的是运动中的速度、力量、灵敏和耐力,无论其动作设计是否具有独创性,体育竞技活动并非以体现文学艺术领域的美感为目的,不能成为《著作权法》意义上的作品。例如,夏季奥运会有竞技体操项目,高水平运动员的表演行云流水,给人一种赏心悦目的感觉。运动员所展示的美是在展现竞技技巧过程中附带产生的,与竞技技巧密切联系无法剥离,并不能得到《著作权法》的保护。但对体育竞技活动的直播可能构成作品,直播画面如果反映了直播团队自己对直播镜头独特的选择和判断,具有一定完整的内容,便构成作品。2011 年,国家体育总局将正式发布第九套广播体操,广播体操是一种可以起到强身健体作用的体育运动,其动作的设计、编排虽是智力成果但并不是为了表达思想情感,不展现文学艺术领域之美,只是一种健身方法,不是《著作权法》意义上的作品。需要注意的是,与广播体操不同,舞蹈同样也包括各种肢体动作,舞蹈动作的设计初衷是为了展现艺术的美感和思想情感的表达,起到健身效果也只是附带的,因此舞蹈可以成为《著作权法》意义上作品的种类之一。

（六）违禁作品

此处的违禁作品是指内容违反宪法、法律的规定,在国内禁止出版发行的作品,如宣扬淫秽、赌博、暴力内容的小说。对该类作品,国家可采取措施,禁止其出版、传播。但其仍受一定程度保护,若有人侵犯其著作权,权利人仍有权请求加害人承担停止侵权、销毁侵权物品等责任,只是一般不能主张损害赔偿。例如,《花花公子》创刊于 1953 年 12 月,是美国著名的成人杂志,因其内容涉及色情内容,是无法在中国正式出版发行的。但如果国内有人未经花花公子杂志社同意在互联网网站等各种平台上使用该杂志的内容,美国的花花公子杂志就可以通过司法途径要求侵权人停止侵权、销毁侵权物品等。

对于内容本身不违反宪法、法律规定,但出版、传播方式不符合行政审批规定的作品,仍受《著作权法》的保护。例如,2012 年,中美双方就解决 WTO 电影相关问题的谅解备忘录达成协议,中国每年允许引进 34 部美国电影。《电影产业促进法》第十七条规定:"法人、其他组织应当将其摄制完成的电影送国务院电影主管部门或者省、自治区、直辖市人民政府电影主管部门审查。国务院电影主管部门或者省、自治区、直辖市人民政府电影主管部门应当自受理申请之日起三十日内做出审查决定。对符合本法规定的,准予公映,颁发电影公映许可证,并予以公布;对不符合本法规定的,不准予公映,书面通知申请人并说明理由。"意味着未经国务院电影主管部门或者省、自治区、直辖市人民政府电影主管部门审查的电影在中国是不能公映的。而仅 2016 年,美国各电影公司的电影产量就达到 789 部,对于绝大多数美国电影而言,是无法进入中国市场的。对于那些没有进入进口配额名单里的美国电影,只要内容不违法,基于中美两国均是《伯尔尼公约》成员国的客观事实,同样也会受到中国《著作权法》的保护。

第四节　作品的种类

一、《著作权法》规定的作品种类

《著作权法》第三条规定:"本法所称的作品,是指文学、艺术和科学领域内具有独创性并能以一定形式表现的智力成果,包括:① 文字作品;② 口述作品;③ 音乐、戏剧、曲艺、舞蹈、杂技艺术作品;④ 美术、建筑作品;⑤ 摄影作品;⑥ 视听作品;⑦ 工程设计图、产品设计图、地图、示意图等图形作品和模型作品;⑧ 计算机软件;⑨ 符合作品特征的其他智力成果。"

(一) 文字作品

《著作权法实施条例》第四条第一款规定:"文字作品,是指小说、诗词、散文、论文等以文字形式表现的作品。"需要注意的是:① 文字作品不等于文学作品,文字作品比文学作品更加宽泛。在文学作品中,往往运用赋、比、兴等修辞方法来表现语言的艺术特色,表现出语言文字之美。很多文字作品达不到文学作品"美"的高度,如医学类的学术论文,内容描述往往较为平淡。② 文字作品不仅限于汉字、日文、英文等语言文字撰写的作品,还包括符号、数字表示的作品。如盲文是由一系列特殊的符号编码组成,由盲文撰写的文字只要符合独创性的特点也能构成文字作品。

问题

书法属于文字作品还是美术作品？

参考结论

需要具体问题具体分析。如启功是中国闻名的书法家,曾被国人称为"诗、书、画"三绝。如果有人抄了他一副以七言诗为内容的书法作品,是构成对文字作品的复制还是对美术作品的复制呢？这就具体要看该人是如何复制的,如果该人对启功的书法外观进行了精确的临摹,复制的便是美术作品。如果只是通过行书字体、草书字体、隶书字体、篆书字体或楷书字体抄写了他书法的内容,则复制的是文字作品。对于文字作品而言,保护的是作者的思想表达,即作品里具体的文字内容。而造型优美的文字可以构成美术作品,受保护的是该文字优美的外观构造。当然,如果该书法作品仅仅只有几个字,很难构成具有独创性的文字作品,如果该文字具有独特的外观构造可以构成美术作品。

案例

朱德庸是我国台湾知名漫画家,2005年4月出版《关于上班这件事》一书。该书第一章引言为:"说到每天上班8小时这件事,其实是21世纪人类生活史上的最大发明,也是最长一出集体悲喜剧。你可以不上学,你可以不上网,你可以不上当,你就是不能不上班。"

上海第一财经公司与上海唯众影视传播有限公司随后制作了脱口秀电视栏目——《上班这点事》,并在北京电视台财经频道播放。在播出最初几期节目时插播了《上班这点事》宣传短片,该短片中,节目嘉宾面对镜头称"你可以不上学,可以不上网,也可以不上当,但是你不能不上班"。

朱德庸认为,该节目不但在栏目名称上明显使用了其作品的书名,还在该节目的宣传上多次频繁使用其作品中的经典语句,侵犯了其所享有的著作权,亦违反了公平诚信原则和商业道德,构成不正当竞争,于是以侵犯著作权及不正当竞争将北京电视台、上海唯众影视传播有限公司和上海第一财经传媒有限公司诉至北京海淀法院,请求判令三被告在北京电视台财经频道播放致歉声明并赔偿经济损失50万元。

北京海淀区法院判决:虽然《上班这点事》节目的标题、宣传短片和海报中出现的被控侵权内容与朱德庸《关于上班这件事》书的书名和第一章引言近似,但上述内容仅为《关于上班这件事》书的作品题目和内容片段,在整部作品中所占的比例极小,未构成该作品的实质或核心部分,故上述近似内容的出现,尚未达到侵犯《关于上班这件事》书著作权的程度。朱德庸仅以上述内容在《关于上班这件事》书中所处位置、众多媒体在报道中进行大量突出引用以及被控侵权行为的存在就主张上述内容是作品的主要或核心部分,不能成立。

案例分析

"上班"是一种社会现象,也是任何人均可以进行评论的公共话题。《关于上班这件事》是一部四格漫画作品,而《上班这点事》节目是一档无固定台本的脱口秀节目,两作品表达方式迥异。《关于上班这件事》及《上班这点事》节目存在的关联之处,仅在于其讨论的均是"上班"这一相同的话题。朱德庸不能因为著有《关于上班这件事》,就禁止他人就同一题材创作不同内容和形式的作品,否则将会妨碍社会公共利益。

案例

著名作曲家石甲于 1954 年 11 月创作了儿童歌曲《娃娃乐》,1956 年首次发表。这首歌反映了祖国少年儿童幸福、愉快的生活,其歌词简洁明快,朗朗上口。歌名"娃娃乐"是作者通过对生活的感受而提炼、创造出来的,反映了娃娃们笑哈哈、乐哈哈的意思,是很精炼的音乐文学语言。这个词组未见于词典辞书中。此歌发表后在全国有相当的知名度。1989 年,某市成立了娃娃乐营养食品厂,随后组建了娃娃乐集团公司,该公司以"娃娃乐"为文字商标向商标局申请注册,并被授予"娃娃乐"注册商标专用权,至今该公司在其几类产品中均使用注册商标"娃娃乐",其产品行销全国各地。作曲家石甲认为,他拥有"娃娃乐"三字的组合是此歌的精华部分,表达了一定的思想内容,是构成此歌曲的主要艺术形象,且具有独创性,符合《著作权法》规定的文字作品的特征,应受《著作权法》的保护。该市娃娃乐集团公司未经作者同意使用其作品,是对其著作权的侵害,因此,诉至法院,要求娃娃乐集团公司停止侵害、赔礼道歉并赔偿损失。

问题

汉字组合的词组,能否成为《著作权法》保护的对象?

参考结论

"娃娃乐"一词,不能构成著作权意义上的作品,其作者不享有著作权。理由如下:根据《著作权法实施条例》的规定,《著作权法》所称的作品,是指文学、艺术和科学领域内,具有独创性并能以某种有形形式复制的智力创作成果。

《娃娃乐》这首歌曲是《著作权法》的保护对象,作曲家石甲对该歌曲拥有著作权,但是"娃娃乐"作为一个汉字组合的词组,离开了原作品的语言环境,离开了歌词的有机整体,并且脱离了赖以表现感情氛围的乐曲旋律,充其量只是一个词汇,不能构成我国《著作权法》所称的作品。法律不赋予任何人对单纯一个词汇的使用享有普遍地支配和垄断的权利。所以,娃娃乐集团公司使用这三个字作为商品的标记,并经国家商标局核准注册,其行为不构成侵权。

(二)口述作品

《著作权法实施条例》第四条第二款规定:"口述作品,是指即兴的演说、授课、法庭辩论等以口头语言形式表现的作品。"《著作权法实施条例》以演说、授课、法庭辩论为例,意味着我国《著作权法》并非对所有达到独创性要求的口头表述提供保护,而仅将具有较高创作水准的口头表述纳入保护范围。我们日常生活中的很多语言交流都无法被定义为口述作品,只有当被整合为一个能足够反映作者思想情感并具有独创性的表达时才可以被认定为口述作品。需要注意的是,口述作品必须要强调是即兴创作产生。如果口述的内容仅仅只是重复或者再现已有的文字作品,则口述的结果并没有产生新的作品,自然不能成为口述作品。

与此同时,我国《著作权法》虽然保护口述作品,但口述作品的创作者如果没有将其口述作品固定下来、形成作品的复制件,如对即兴演讲进行录音、录像或文字记录等,一般也不会对他人未经许可使用其口述作品的行为提起诉讼。因此,完全没有被固定的口述作品在我国司法实务中很难得到有效保护。

案例

2006 年 6 月 27 日凌晨,意大利队在德国世界杯八分之一决赛中对阵澳大利亚队比赛时的最后时刻,凭借后卫格罗索踢进的点球淘汰了澳大利亚队。中央电视台足球解说员黄健翔当场发表了即兴解说:"点球!点球!点球!格罗索立功啦!格罗索立功啦!不要给澳大利亚人任何的机会!伟大的意大利的左后卫,他继承了意大利的光荣的传统!法切蒂、卡布里尼、马尔蒂尼在这一刻灵魂附体!格罗索一个人,他代表了意大利足球悠久的历史的传统!在这一刻,他不是一个人在战斗!他不是一个人!……托蒂!……托蒂面对这个点球。他面对的是全世界意大利球迷的目光和期待!……球进啦!比赛结束啦!意大利队获得了胜利!淘汰了澳大利亚队!他们没有再一次倒在希丁克的球队面前！伟大的意大利！伟大的意大利的左后卫！马尔蒂尼，今天生日快乐！意大利万岁！不负全意大利人的期望，这个点球是一个绝对理论上的决杀，绝对的死角。意大利队进入了八强！胜利属于意大利，属于格罗索，属于卡纳瓦罗，属于布冯，属于所有热爱意大利足球的人！澳大利亚队也许会后悔的，希丁克，他在下半场多他们一个人的情况下他打得太保守、太沉稳了，他失去了自己的勇气，面对意大利足球悠久的历史和传统，他没有再拿出小组赛那样的猛扑猛打的作风，他终于自食其果。他们该回家了，他们不用回遥远的澳大利亚，他们大多数都在欧洲生活。再见！"

问题

黄健翔的激情解说是否属于《著作权法》意义上的口述作品？

参考结论

如果口述表达仅仅是是对事实或思想的简单陈述，可能会因"混同原则"而不受保护，因为作品需要满足《著作权法》上独创性的标准。黄健翔的激情解说中包含了对足球比赛客观事实的阐述，如"点球、左后卫、足球运动员姓名"等。这些是任何一名足球解说员都会用到的语言表达，单纯的事实消息并不受《著作权法》的保护，因此这类的解说词不受《著作权法》的保护。但是，黄健翔的激情解说的内容不仅于此，还有很多黄健翔的个人的临场发挥，比如对澳大利亚足球队猛打猛扑作风的夸赞等，这些是其他解说员很难想到和用到的，这些特别的解说语言是黄健翔特有的智力成果，可以被认定为符合《著作权法》要求的口述作品，如果其他人要使用该作品比如制作成手机铃声等需要经过当事人的同意。

(三) 音乐、戏剧、曲艺、舞蹈、杂技艺术作品

1. 音乐作品

《著作权法实施条例》第四条第三款规定："音乐作品，是指歌曲、交响乐等能够演唱或者演奏的带词或者不带词的作品。"音乐作品的核心要素是作品中的曲调、节奏、旋律、和声、力度、速度、音色等。网络歌手花粥的一首"原创"歌曲《妈妈我要出嫁》因涉嫌抄袭了薛范翻译的俄罗斯歌曲《妈妈我要出嫁》被人们诟病，花粥本人因此在网络上通过致歉函方式进行了道歉，这两首歌不仅歌名一样，就连歌词也几乎完全一样。2006 年，韩国组合 Loveholic 成员姜贤民状告 MC 梦第一张专辑收录曲《写给你的信》剽窃了自己的作品，在被认定

抄袭成立后,法院判决《写给你的信》创作人金某要赔偿 1000 万韩元给姜贤民,并正式道歉。花儿乐队专辑《花季王朝》中的歌曲《嘻唰唰》,与日本组合 PUFFY 的《K2G 奔向你》的曲调、旋律几乎完全一样,之后花儿乐队所属的唱片公司向 PUFFY 组合所属的索尼唱片分享《嘻唰唰》的版权收入以作补偿。

问题

歌词究竟应当作为音乐作品还是文字作品受到《著作权法》的保护?

参考结论

带有歌词的音乐作品与文字作品会存在一定程度的重叠。歌词本身就是文字作品,有些音乐作品中是通过现有的文字作品再进行配曲而完成的,如 1987 版电视剧《红楼梦》的主题曲是《枉凝眉》。《枉凝眉》原本就是曹雪芹创作完成的文字作品,电视剧主题曲后经王立平作曲、陈力演唱完成。歌词无论是作为文字作品还是音乐作品,受保护的程度是一样的。

2. 戏剧作品

《著作权法实施条例》第四条第四款规定:"戏剧作品,是指话剧、歌剧、地方戏等供舞台演出的作品。"戏剧作品通常要经过演员的舞台表演将"活的故事"展示在观众面前,对戏剧作品的表演可以是通过叙述、对话等方式,还可以配有相应的肢体动作,戏剧作品的独创性在于对"活的故事"的设计和编排,特别是对主要情节的勾画。戏剧作品一般以故事、结构、人物、对白等构成的剧本加以体现。现代文学家老舍于 1956 年创作的话剧《茶馆》,被不同的人在舞台上演绎过很多次,虽然被演出过很多次,但演出的戏剧作品只有一部。戏剧作品与写出来的剧本也不能完全等同,因为有些戏剧作品不需要通过剧本来表现。比如哑剧:表演者只需要通过动作、神情来表现而非必须通过文字来表达。

3. 曲艺作品

《著作权法实施条例》第四条第五款规定:"曲艺作品,是指相声、快书、大鼓、评书等以说唱为主要形式表演的作品。"如相声,作为一种民间说唱曲艺,扎根于民间、素材源于生活、内容深受人民群众的喜爱,其表演形式分为单口相声、对口相声、群口相声等。

4. 舞蹈作品

《著作权法实施条例》第四条第六款规定:"舞蹈作品,是指通过连续的动作、姿势、表情等表现思想情感的作品。"舞蹈作品不能等同于舞台上的演出表演,而在于对表演的舞蹈动作的编排和设计。舞蹈作品的独创性在于舞蹈动作的设计和表现。早年间流行的很多标准动作、舞步因进入公有领域而丧失了独创性,不受《著作权法》的保护。如果舞蹈作品被侵权,本质就是侵权人未经权利人许可而复制使用了作品中的动作设计。

问题

舞蹈作品与戏剧作品有何不同之处?

参考结论

戏剧作品演绎的是一个"活的故事",通过表演可以使观众了解故事的主要情节。而舞蹈作品虽然是围绕某个故事而编排的,但由于受到表演方式的限制,只能通过肢体动作向观众表达,非常抽象。

案例

2020年12月,由北京市伟博律师事务所代理的杨丽萍《月光》作品著作权纠纷案件已在北京市海淀区人民法院审理终结。2017年9月,杨丽萍发现,北京心正意诚餐饮管理有限公司(简称心正意诚公司)、北京心正意诚餐饮管理有限公司海淀餐饮分公司(简称心正意诚海淀分公司)、云海肴(北京)餐饮管理有限公司(简称云海肴公司)未经权利人许可,以营利为目的,擅自在其运营的涉案云海肴餐厅中使用涉案《月光》系列作品进行商业宣传,擅自将涉案《月光》系列作品复制成墙画、隔断、屏风等作为餐厅主体装潢的一部分置于餐厅显眼位置进行宣传。杨丽萍随即委托律师将三被告诉至法院。

法院经审理后认为:《月光》舞蹈以一轮明月作为突出背景,通过灯光的明暗对比营造出人体剪影效果,整体呈现出女子在月光下舞蹈的美好意境。由杨丽萍演绎的女子以高盘发髻、身着紧身长裙的人物造型,做出展现女子身体曲线之美的舞蹈动作,上述连续的舞蹈动作在灯光、舞美、服装、音乐等元素的配合下,艺术化地表现了月光的圣洁以及月光下女人的柔美,体现出较高的独创性和艺术价值,属于《著作权法》规定的舞蹈作品。

涉案餐厅由被告心正意诚公司、心正意诚海淀分公司经营。被诉装饰图案展现的每个舞蹈动作均在《月光》舞蹈中有相同舞蹈动作可对应,而上述《月光》舞蹈中结合了人物造型、月光背景、灯光明暗对比等元素的特定舞蹈动作,并非进入公有领域的舞蹈表达,系《月光》舞蹈作品具有独创性表达的组成部分。故被诉装饰图案与《月光》舞蹈作品的独创性内容构成实质性相似。

综上,被告心正意诚公司、心正意诚海淀分公司未经许可将涉案舞蹈作品使用在被诉装饰图案中,侵害了杨丽萍公司就《月光》舞蹈作品享有的复制权。心正意诚公司在云海肴官网和官方微博中传播带有部分被诉装饰图案的图片,亦侵害了杨丽萍公司就《月光》舞蹈作品享有的信息网络传播权。

5. 杂技艺术作品

《著作权法实施条例》第四条第七款规定:"杂技艺术作品,是指杂技、魔术、马戏等通过形体动作和技巧表现的作品。"立法者认为我国的很多杂技表演在世界上具有很高的知名度,为了保护我国的传统文化遗产,便将杂技艺术作品纳入《著作权法》的保护范围,但法学界很多学者对此存在不同意见。有学者认为《著作权法》不保护任何操作方法、技术方案或实用性功能,杂技、魔术、马戏是通过各种专业技巧、技术方法来实现最终的舞台效果,不应作为作品而受到《著作权法》的保护。表演者可以通过享有邻接权里的表演者权而受到保护,无须将杂技、魔术、马戏纳入作品的范畴。

(四)美术、建筑作品

1. 美术作品

《著作权法实施条例》第四条第八款规定:"美术作品,是指绘画、书法、雕塑等以线条、色彩或者其他方式构成的有审美意义的平面或者立体的造型艺术作品。"美术作品通常可分为纯美术作品和实用美术作品。纯美术作品是指为表现个性和美感而创作的美术作品,如《著作权法实施条例》里列举的书法、绘画、雕塑等;而实用美术作品是指在表现个性与美感的基础上,以满足生活实用或生产需要为目的的美术作品,如陶瓷、雕花的家具、染织图案等。像北京著名的传统工艺品景泰蓝,又称"铜胎掐丝珐琅",一种在明朝景泰年间制作技艺已经比较成熟的特种工艺品,是用细扁铜丝做线条,在铜制的胎上捏出各种图案花纹,再将五彩珐琅点填在花纹内,经烧制、磨平镀金而成,外观晶莹润泽,鲜艳夺目。现代景泰蓝除了可以制成瓶、罐、盒等珍贵的陈设饰品外,也可以制成很多非常实用的工艺品,如景泰蓝花瓶、台灯、烟具、酒具、茶具等。

在美术作品侵权诉讼中,线条、色彩等构成方式是判断是否实质性相似的关键所在,像艺术风格、主题、素材的选择则属于美术作品的思想范畴。众所周知,文字作品是用文字等构成元素有序组合而成,美术作品虽没有文字元素,但这并不意味美术作品没有自己的构成元素。美术作品的表达性要素包括明暗，色彩，点、线、面的结合与分配。如若一个美术作品能够进行拆分，被拆分后的某一部分或是某一元素具有一定程度的独创性，即使将该个别部分或元素从原作中提取出来进行单独展示，仍然能够表达出作者所追求的艺术形象和审美效果，该作品即符合作品形式要件的基本要求，属于《著作权法》意义上的作品。

2. 建筑作品

《著作权法实施条例》第四条第九款规定："建筑作品，是指以建筑物或者构筑物形式表现的有审美意义的作品。"建筑物作为作品受《著作权法》保护始于 1908 年《伯尔尼公约》柏林文本，主要原因在于建筑物的外观给人一种美的感受，而与建筑物建筑所采用的材料、技术等因素无关，因此不是所有的建筑物都是作品，那些纯粹是为实用的目的而建造的房屋自然不能成为建筑作品。建筑作品能够受到《著作权法》的保护主要是因为有些建筑物或构筑物不仅具有实用功能，还具有独特的艺术美感，能够体现设计师的美学思维，如青岛黄岛区的凤凰之声大剧院，其外部造型独特，像一只降落在金沙滩景区上的凤凰，曲线线条复杂美观、欣赏度极高。再如 20 世纪 80 年代初，法国总统密特朗决定扩建世界著名艺术宝库"卢浮宫"。法国政府广泛征求设计方案，著名的美籍华人设计师贝聿铭的方案最终获得了全球 15 位著名博物馆馆长的 13 张支持票从而胜出。贝聿铭用从中国江苏运来的 793 块玻璃建成了透明金字塔，玻璃金字塔就像剔透的精灵一般，矗立在卢浮宫前的广场上，被称为"卢浮宫院内飞来了一颗巨大的宝石"，一座惊艳世界的新型建筑展现在世人面前。同一年，贝聿铭获得了被称为建筑界诺贝尔奖的普茨克奖。

需要注意的是，《著作权法》不保护操作方法、技术方案的原则同样适用对建筑作品的保护，如果该建筑物的实用功能与艺术美感无法分离，则该建筑物的外形不受《著作权法》保护。

如果建筑模型、建筑设计图、建筑物同属于一个建筑设计，是建筑作品不同的表现方式。如果根据建筑模型、建筑设计图建造建筑不是演绎行为，而是复制行为，演绎行为是创作行为的一种，其法律后果是根据原作品的基本内容产生了新的表现形式，是一种新作品的创作方式，如把中文小说翻译成英文小说。如果建设施工单位按照图纸建造建筑，也只是投入了体力劳动和财力物力，并没有改变设计本身的内容。

案例

北京通惠河附近有一个地下车库,出入口采用了与归家体育场"鸟巢"类似的造型,顶部是两端高中间低的马鞍形,出入口的外观形状及钢梁的按揭纹路与"鸟巢"也极为相近。对于"山寨鸟巢"是否构成侵权,引发了公众的热议。

问题

北京"鸟巢"体育馆的造型受著作权保护吗?

参考结论

"鸟巢"是 2008 年北京奥运会主体育场。由 2001 年普利茨克奖获得者赫尔佐格、德梅隆与中国建筑师合作完成的巨型体育场设计,形态如同孕育生命的"巢",它更像一个摇篮,寄托着人类对未来的希望。"鸟巢"具有鲜明的特点,一个是其外形,另一个是自然地把钢结构暴露在外,因而形成了独特的建筑外观。由此,"鸟巢"融合了奇特的设计理念和先进的建筑技术,具有非常强的独创性,成为北京的地标性建筑,在世界范围内也堪称建筑奇迹。所以,"鸟巢"应该被认定为建筑作品,受到《著作权法》的保护,未经许可进行模仿建设的行为应该属于侵权行为。

(五) 摄影作品

《著作权法实施条例》第四条第十款规定:"摄影作品,是指借助器械在感光材料或者其他介质上记录客观物体形象的艺术作品。"这里的感光材料,是指传统的胶卷,随着技术的发展,出现了很多数字存储设备也可以记录摄影作品,如 SD 卡、U 盘、硬盘。

摄影作品虽然是通过照相机等器械设备拍摄完成的,但拍摄过程为拍摄者留下了展现拍摄技术和智力创作的空间。首先,拍摄者通过对拍摄方向、角度、构图、光线明暗等摄影要素的把握,使得作品具有层次感;其次,拍摄者可以对拍摄的场景进行精心的布置,对拍摄的人物造型进行精心的打扮,使得最终的作品具有独特的表现力;最后,拍摄者可以通过各种编辑软件对作品进行后期处理,使作品呈现独特的艺术效果。

如果拍摄者对所拍摄的场景和人物造型进行了独创性的安排,那么摄影作品的独创性除了展现在作品上的视觉效果外,还体现在作品的内容上。如果他人以拍摄、绘画等方式再现了摄影作品中的内容,有可能构成侵权。如摄影者别具匠心地设计了拍摄的人物造型,其他人再现类似的这种人物造型,有可能被认定侵权。如果摄影者对场景或人物造型的设计比较简单,如摄影者只是指导被拍摄人如何微笑,这属于不受保护的思想的范畴。

如果拍摄者对所拍摄的场景和人物造型并没有进行独创性的安排,那么拍摄者无权禁止他人对相同或类似的场景或人物造型进行拍摄,只对自己的摄影作品本身具有权利。如一名拍摄者对某电影明星进行了拍摄,其他摄影者同样可以对该明星进行拍摄。

案例

全景客公司创作完成了《故宫》《中国古动物馆》两部 VR 全景摄影作品,其中,作品《故宫》已经在北京市版权局进行了版权登记。全景客公司称,同创蓝天公司未经许可,擅自在其主办的网站酷雷曼 VR 全景上传了《故宫》《中国古动物馆》两部作品中的 76 幅 VR 全景摄影作品。侵害了全景客公司依法享有的信息网络传播权,故全景客公司诉至北京市海淀区法院,要求同创蓝天公司停止侵权、赔礼道歉,并依据 VR 摄影作品的创作难度,按 6000 元每幅摄影作品估算,提出 46.2 万元的经济损失赔偿要求。

法庭上,被告同创蓝天辩称,原告主张的权利存在瑕疵,对于部分作品的权利无法得到有效的证明,原告主张的 76 幅作品中,仅有 43 幅作品进行了著作权登记,其余 33 幅作品原告仅提供了电子证据,无法单独证明涉案作品的创作时间及作者信息。

被告认为,其作为网络服务提供商,并没有做出侵犯原告著作权的行为,且对他人侵犯原告著作权的行为并不知情。涉案全景作品全部由用户免费注册和发布,被告均在用户协议中对遵守著作权等进行了必要的提示,被告未对涉案作品进行任何编辑、整理和推荐,应当使用"避风港原则"。被告从未从用户提供的作品中获得经济利益,在收到起诉材料后立即对涉案内容进行了强制关闭,不存在过错。被告同时认为,原告主张的经济损失过高且无证据支持,涉案作品在被告网站展示期间的浏览量和传播度极低,原告作品的拍摄质量也远低于行业水平。

北京市海淀区法院经审理认为:涉案作品为全景摄影作品,具有一定的拍摄和创作难度。同创蓝天投资管理(北京)有限公司将摄影作品直接展示在网站上用于宣传。涉案作品在线浏览量较大,受关注度较高。同创蓝天公司构成侵权,综合认为赔偿 46.2 万元。

(六) 视听作品

我国《著作权法》第三次修改工作持续多年,《著作权法》修改稿一共有四个版本向社会公布。《著作权法》修改稿第一稿第三条规定:"视听作品,是指固定在一定介质上,由一系列有伴音或者无伴音的画面组成,并且借助技术设备放映或者以其他方式传播的作品。"第二稿第三条规定:"视听作品,是指由一系列有伴音或者无伴音的画面组成,并且借助技术设备向公众传播的作品。"第三稿第五条规定:"视听作品,是指由一系列有伴音或者无伴音的连续画面组成,并且能够借助技术设备被感知的作品,包括电影、电视剧以及类似制作电影的方法创作的作品。"但第四稿,仅仅保留了"视听作品"的概念,删除了"视听作品"的定义。因此,2020年颁布的《著作权法》尚未对视听作品做出一个明确的定义。视听作品应当是意义相互连接的,动态的连续画面。视听作品不以摄制为要件,无须必须摄制在胶片上。

视听作品包括电影作品、电视剧作品和其他视听作品。

何为电影作品?《中华人民共和国电影产业促进法》第二条第二款规定:"电影,是指运用视听技术和艺术手段摄制、以胶片或者数字载体记录、由表达一定内容的有声或者无声的连续画面组成、符合国家规定的技术标准、用于电影院等固定放映场所或者流动放映设备公开放映的作品。"第二十条第二款规定:"未取得电影公映许可证的电影,不得发行、放映,不得通过互联网、电信网、广播电视网等信息网络进行传播,不得制作为音像制品;但是,国家另有规定的,从其规定。"这意味着没有取得公映许可证的网络电影不属于电影作品的范畴。

电视剧作品是一种适应电视广播特点、融合舞台和电影艺术的表现方法而形成的艺术样式。电视剧作品一般分单元剧和连续剧,利用电视技术制作并通过电视或网络电视平台放映。

其他视听作品应当属于兜底条款,可以包括具有独创性的 MV、MTV、短视频、微电影、网络游戏直播等新的作品形式。关于网络游戏是否构成作品,需要注意以下三点:第一,作为网络游戏基础的计算机程序属于软件作品;第二,游戏的连续画面属于视听作品,人物形象或场景可能构成美术作品;第三,游戏规则不构成作品。

（七）图形作品和模型作品

1. 图形作品

《著作权法实施条例》第四条第十二款规定："图形作品，是指为施工、生产绘制的工程设计图、产品设计图以及反映地理现象、说明事物原理或者结构的地图、示意图等作品。"

美术作品虽然也通过图形方式呈现，但与这里的图形作品不属一类。美术作品主要在艺术领域里给人一种视觉美的享受。而这里的图形作品主要是在科学领域内既具有美观也具有实用性的作品。如地图即具有可观赏性也能给人们展示地理构造普及地理知识。

问题

《著作权法》原则上不保护技术方案和实用功能，那将工程设计图、产品设计图列为图形作品是否违反了《著作权法》的基本原则？

参考结论

《著作权法》将工程设计图、产品设计图列为图形作品，主要是因为该图形具有视觉上的美感，而不在于它具有的实用性。这类图形作品是由点、线、面和各类几何图形组合而成，具有精确、简洁的科学之美。

问题

《著作权法》不保护客观事实，而反映客观事实的地图和示意图为什么可以成为图形作品受《著作权法》保护？

参考结论

地图作品具有艺术美感和可读性，否则人们会无法进行辨识，且地图画面的呈现和标注对象的选择都非常考验绘图者的能力。首先，地图上标注对象的选择可以反映出绘图者的个性和创造力。例如，地图的道路上会标识历史古迹、机关单位、景区、购物广场等要素，具体选择哪家作为地标在地图上呈现是非常讲究的；其次，绘图者在制图时可以通过不同的色彩搭配、独特的艺术设计体现出地图的美感。需要注意的是，虽然地图作为一个整体可以受到《著作权法》的保护，但地图里面的体现客观事实的要素不受保护。绘图者只能禁止他人未经允许使用其地图中的艺术成分，而不能禁止他人使用地图中的客观内容。例如，地图中会呈现城市的名称、街道的名称等客观内容，即便这些客观要素是绘图者第一次以地图的方式呈现，也不能禁止其他绘图者使用这些客观要素。

同样,示意图可以作为图形作品受到《著作权法》保护,主要是因为绘图者在绘图的过程中可以进行富有个性的选择和编排。绘图者可以通过色彩、线条等处理手段将示意图呈现得更具有艺术美感。

2. 模型作品

《著作权法实施条例》第四条第十三款规定:"模型作品,是指为展示、试验或者观测等用途,根据物体的形状和结构,按照一定比例制成的立体作品。"

对于模型作品,著作权不保护客观事实和实用功能的原则仍然适用。符合独创性要求的模型作品可以受到《著作权法》的保护。

(八) 计算机软件

《计算机软件保护条例》第二条规定:"本条例所称计算机软件(以下简称软件),是指计算机程序及其有关文档。"第三条规定:"计算机程序,是指为了得到某种结果而可以由计算机等具有信息处理能力的装置执行的代码化指令序列,或者可以被自动转换成代码化指令序列的符号化指令序列或者符号化语句序列。同一计算机程序的源程序和目标程序为同一作品。文档,是指用来描述程序的内容、组成、设计、功能规格、开发情况、测试结果及使用方法的文字资料和图表等,如程序设计说明书、流程图、用户手册等。"

计算机软件中的文档可能与文字作品存在一定的重合,因为像程序设计说明书、用户手册往往都是由文字构成,但只有与计算机软件相关,这些文档才能成为计算机软件的一部分。

(九) 其他智力成果

《著作权法》规定的最后一类作品类型:符合作品特征的其他智力成果。意味着之前我国著作权"作品类型法定"模式被改为"作品类型开放"模式,《著作权法》不再通过对作品类型的规定而限定可以构成作品的表达形式。

二、两类特殊作品

(一) 演绎作品

演绎作品又称派生作品,是指在保留原作品基本表达的基础上,对原作品进行再加工创作,将新的表达形式与原表达融合而成的新作品。将原作品进行翻译、改编是演绎作品的典型表现方式,如将英文版的《老人与海》翻译成中文,将小说《三国演义》改编成戏剧等。再比如《哈利•波特》系列电影,是美国华纳兄弟电影公司根据 J. K. 罗琳所著的同名系列小说改拍的。J. K. 罗琳是一名著名作家,她生于 1965 年 7 月 31 日,出生在英国的格温特郡,她写的《哈利•波特》系列小说已经被翻译成 73 种语言,全球销量超过 5 亿册。在《哈利•波特》系列小说的基础上,诞生了 8 部系列电影和 1 部衍生电影,全球票房超过 80 亿美元。对于演绎作品,同样需要满足独创性的要求,演绎者进行的再创作要求与原作品之间存在能够被人客观识别、非细微的差别。如果只是对原作品进行些许的改变,差异不具有显著性,很难被人们客观识别,那最终的成果也只是原作品的一个复制件。例如,期刊的编辑在对投刊的稿件进行校对时,会对标点符号、错别字以及语法等问题进行修改,修改后的稿件并没有改变原作品的基本表达,不具有能够被客观识别的显著变化,不构成新的作品。因此,编辑的校对行为不属于演绎行为,校对稿也只是原作品的复制件。

需要注意的是,《著作权法》第十六条规定:"使用改编、翻译、注释、整理、汇编已有作品而产生的作品进行出版、演出和制作录音录像制品,应当取得该作品的著作权人和原作品的著作权人许可,并支付报酬。"意味着第三人使用演绎作品需要获得双重授权,即应获得演绎作品著作权人和原作品著作权人的双重许可,否则会构成侵权。例如,在〔2014〕浙知终字第 100 号案中,法院明确表示:"演绎作品作为演绎者在原有作品上经过创造性劳动派生出来的作品,其著作权包括两部分,一部分为已有作品著作权,另一部分为演绎作品著作权,但是演绎者的权利范围仅限于演绎作品的著作权,在使用到已有作品的元素时,仍须获得原作者许可。"

问题

演绎作品必须改变原作品的表现形式吗?

参考结论

演绎作品并不改变原作品的基本表达,演绎作品的特点在于它既融合了演绎者独创性的智力成果,也保留了原作品的基本表达。例如,将小说改编成电影剧本时,为了剧情的需要,可能在剧本改写时删减一些关于心理描写的内容,添加一些关于场景安排、人物造型、人物动作方面的内容,但原小说的基本故事梗概没有发生改变。如果有人把莫言的小说《红高粱》改编成漫画,虽然小说和漫画的表现手法完全不同,前者属于文字作品,后者属于文字和美术作品,但小说中的基本故事情节没有发生改变。

如果新作品与原作品在表达上没有共同之处,只是在思想观念上存在类似,则新作品不是原作品的演绎作品。例如,有人读了曹操的《观沧海》的诗后有感而发,站在碣石山上登高望海,绘制了一幅波澜壮阔的画作,则没有使用原作品的基本表达。

(二)汇编作品

《著作权法》第十五条规定:"汇编若干作品、作品的片段或者不构成作品的数据或者其他材料,对其内容的选择或者编排体现独创性的作品,为汇编作品。"

虽然汇编作品不产生新的文字、图形等内容,但也可以表达汇编者的观点。汇编者将作品、数据和其他信息进行系统化的归类与整理,以合理的方式将作品进行整合呈现,使读者看到具有汇编者个性化选择的作品集。

汇编作品具体可以分为两类:一类是对若干作品或作品片段进行汇编而形成的作品;一类是对事实、数据、资料等材料进行汇编而形成的作品。在第一类汇编作品中,被汇编的对象本身就构成作品,如各类别的学术期刊、报纸等。汇编已有的作品之所以能够构成新作品,主要是汇编者的汇编行为具有独创性。如《中国法学》《法学研究》等法学期刊里面的每一篇论文都是一个独立的作品,但这些期刊之所以能成为汇编作品并不是里面的论文都是作品,而在于期刊编辑对论文的选择和编排属于创造性的智力劳动。编辑首先要对投稿的论文按照一定比例和标准进行筛选,然后将筛选出论文按照不同的专栏进行编排。正是由于这些选择和编排是一种创造性智力劳动,符合《著作权法》的要求,这些法学期刊才成为汇编作品。

在第二类汇编作品中,原本像事实、数据等材料要素不受《著作权法》的保护,但由于汇编者进行了具有独创性的选择和编排而成了新作品。例如,某出版社根据自己的判断,将青岛的众多旅游景点按照游客数量、旅游交通、旅游环境、旅游安全卫生等标准进行排序,同时附上各景点介绍、图片、地址、联系电话等信息,编写《青岛旅游十大必去景点》一书并出版发行。该书中的景点名称、景点信息介绍、地址、电话等资料本身不属于作品,但出版社对众多旅游景点进行选择和编排属于创造性智力劳动,因此该书是汇编作品。

因此,无论被汇编的素材是否是作品,只要汇编者在选择或编排上无独创性便不构成汇编作品。如果汇编者的选择或编排只要按照已有的既定规则去实施，结果无法给人留下发挥空间，则这种结果不具有独创性。例如，有出版社将冰心先生的全部散文按照发表时间编成《冰心散文集》，则该书并非汇编作品。因为该书收录的冰心先生的散文不涉及选择的问题，该书按照发表时间的先后顺序编排是已有的常规方法，没有智力创造性可言。再比如每年高考结束后，为了方便考生选择理想的大学和专业，各省市都会出版相应的《高考志愿填报指南》，将各高校在各省市的录取名额、录取分数、文理各专业的录取人数、最高分、最低分、学费等信息进行汇总和分类列举。不同的考生根据自己的实际需要，按照《高考志愿填报指南》里相对应的信息栏进行选择参考，这就排除了独创性的选择和编排，因此《高考志愿填报指南》并非汇编作品。

第五节　民间文学艺术表达的特殊法律问题

《著作权法》第六条规定："民间文学艺术作品的著作权保护办法由国务院另行规定。"不过，具体的《民间文学艺术作品著作权保护条例》还处在向社会征求意见的阶段。

一、民间文学艺术表达与民间文学艺术作品

在国际上探讨相关议题时，通常使用民间文学艺术表达的术语。世界知识产权组织总结了民间文学艺术表达以下特点：第一，通过口述或模仿的方式而传世；第二，反映了特定族群的社会和文化特征；第三，由反映族群文化特征的要素组成；第四，由族群、族群中的名人或不知名人创作完成；第五，创作的目的非商业用途，是作为宗教和文化传播的载体；第六，在族群中不断演变、发展、传承。民间文学艺术表达与民间文学艺术作品非同一概念，前者的范围更加宽泛。民间文学艺术表达是指由一国族群或个人创作、维系，反映该族群传统艺术观念，具有传统艺术特质的成果，包括：① 口头方式，如民间故事传说、诗歌等；② 乐曲方式，如民谣、民间乐器演奏的音乐等；③ 行为方式，如民间舞蹈、民间戏曲、民间特有仪式等；④ 物质表达方式，如雕刻、雕塑、油画、金属器具、珠宝首饰、纺织品、服饰等民间艺术制品以及民间特有建筑形式。

从民间文学艺术作品表达的特点和种类上看,很多表达方式无法构成《著作权法》上的作品。例如,端午节赛龙舟这样的民间特有仪式包含一系列流程规范和操作方法,不属于作品的范畴。再如琵琶、古筝、二胡这样的乐器虽是中国特有的民间乐器,也同样不属于作品。《著作权法》保护的是作品,只有这些表达满足作品的构成要件,才成为民间文学艺术作品受到保护。

二、民间文学艺术作品保护

民间文学艺术作品如果符合《著作权法》作品的构成要件,当然受到保护。但由于民间文学艺术作品的特殊性,与现代意义上的著作权保护制度格格不入。首先,在某一族群中已经源远流长的作品,如诗歌、音乐、历史传说等早已超过了《著作权法》规定的保护期限,很多权利无法受到保护;其次,许多的民间文学艺术作品的创作者身份无法查实,无法确定具体的权利人,使得很多的民间文学艺术作品难以得到应有的保护;最后,《著作权法》的立法目的是鼓励创新并促进作品的传播,如果对超过著作权保护期或权利人不确定的作品进行无差别的保护,也不利于后人在民间文学艺术作品的基础上的再创新。例如,2020年,美国迪士尼影片公司出品的真人版剧情电影《花木兰》在国内引起了广泛的反响,该电影改编自中国南北朝历史上的一首民歌《木兰辞》,讲述了花木兰女扮男装,代父从军在战场上建功立业的故事。关于《木兰辞》的作者,现如今已经无法查实,很难认定为哪一个族群或个人所创作,如果将这样的作品认定为民间文学艺术作品,那历史上任何历史时期的作品就都能受到保护,一定程度会提高当代作者利用公共资源进行再创作的难度。

因此,对民间文学艺术作品的保护,是一个比较复杂的问题。在司法实务中,对于过了著作权保护期的民间文学艺术作品,往往利用《著作权法》关于精神权利不受期限限制的规定进行保护,保护的程度比较低,主要是禁止他人侵犯署名权的行为。

对民间文学艺术作品的保护,其实可以打开思路,不必非要拘泥于《著作权法》的领域,立法者可以制定专门的《民间文学艺术作品保护条例》,将民间文学艺术作品作为保护客体。如果保护对象是即将失传的文化成果,如特定的制造技艺、操作手法等,为了使之传承后世,也可以采用非物质文化遗产的保护方式进行保护,保护的方式和手段可以多元化。

案例

著名歌唱家郭颂因演唱《乌苏里船歌》等歌曲为人们所熟知,"乌苏里江水长又长,蓝蓝的江水起波浪,赫哲人撒开千张网,船儿满江鱼满舱……"20世纪 60 年代,郭颂以其高亢悠扬的旋律,将赫哲族人以渔猎为生的浪漫传奇般的生活唱遍祖国的四面八方,演绎成了赫哲族的地理标志,成了人们了解赫哲族人的"活教材"。该歌曲是根据赫哲族民歌《想情郎》《狩猎的哥哥回来了》等的曲调改编而成。中央电视台在 1999 年 11 月直播的"99 南宁国际民歌艺术节"晚会开幕式上,在郭颂演唱完《乌苏里船歌》后,中央电视台的主持人特别强调:"刚才郭颂老师唱的《乌苏里船歌》是一首创作歌曲,可长期以来我们一直把它当作是赫哲族民歌。"随后该台晚会被录成光碟全国发行销售时,《乌苏里船歌》的曲作者署名为郭颂。节目播出后,黑龙江省饶河县赫哲族四排乡人民政府及双鸭山市赫哲族研究所将郭颂、中央电视台和销售音像资料的北京北辰购物中心告上了法庭,诉其侵犯了著作权,这也是新中国《著作权法》颁布后,首例少数民族民间文艺作品主张权利的官司。

2002 年 12 月 28 日,北京市第二中级人民法院对此案做出了一审判决,郭颂今后在使用歌曲作品《乌苏里船歌》时,应当注明"根据赫哲族民间曲调改编",并在媒体上发表改编声明。另外,不支持赫哲族要求的 40 万元的经济赔偿和 10 万元的精神赔偿。判决明确郭颂对《乌苏里船歌》享有著作权以及由此产生的经济收益,而赫哲族只享有署名权。

一审判决后,郭颂和中央电视台均不服一审判决,于 2003 年 1 月提起上诉,请求撤销原审判决。2003 年 9 月 9 日,北京市高院开庭审理了《乌苏里船歌》著作权案。2003 年 12 月 17 日,北京市高级法院做出终审判决,维持一审判决结果,驳回上诉。北京市高级法院认为,涉案的赫哲族民间音乐曲调形式作为赫哲族民间文学艺术作品,是赫哲族成员共同创作并拥有的精神文化财富,与每一个赫哲族成员的权益有关。该民族的任何群体、任何成员都有维护本民族民间文学艺术作品不受侵害的权利。依据《乌苏里船歌》的鉴定报告中,对《乌苏里船歌》歌主题曲调与《想情郎》和《狩猎的哥哥回来了》的曲调基本相同的结论。法院同时认为,虽然《乌苏里船歌》歌的首部和尾部均为新创作的内容,但就乐曲整体而言,如果舍去中间部分,整首乐曲也将失去根本。据此,法院认定《乌苏里船歌》歌的整首乐曲为改编作品。这就意味着,黑龙江饶河县四排赫哲族乡政府代表赫哲族人最终讨回了《乌苏里船歌》的署名权。今后郭颂、中央电视台以及其他单位和个人以任何方式再使用音乐作品《乌苏里船歌》时,都应当注明"根据赫哲族民歌曲调改编"。其实,郭颂虽然败诉,但法院判决显然是各打五十大板,赫哲族享有署名权,著作权却仍归郭颂所有。

案例

原广西民族出版社干部黄自修以笔名"布英"在《民间文学》1958 年 2 月号总第 35 期上发表了其收集整理的壮族民间传说《妈勒带子访太阳》一文。1999 年南宁市艺术剧院编排的大型壮族舞剧《妈勒访天边》在广西南宁首演,此后到多个省市进行了多场演出,荣获第六届中国艺术节"优秀剧目奖"、第二届中国舞蹈荷花奖金奖、2004—2005 年度国家舞台艺术精品工程"十大精品剧目"等众多奖项。黄自修认为舞剧《妈勒访天边》系改编自其作品,侵犯了其著作权。

南宁市中级人民法院一审认为:黄自修的作品内容来源于民间传说,没有证据证明其作品中的人物、情节是黄自修所独创;《妈勒带子访太阳》与舞剧《妈勒访天边》是两部不同的作品,黄自修的诉讼主张证据和理由不充分,判决驳回黄自修的诉讼请求。

广西壮族自治区高级人民法院二审认为:黄自修的作品在民间传说的基础上,融合了其个人的理解和想象,用其有鲜明特色的语言文字表述风格进行整理、加工,是投入了个人创造性思维和劳动的再创作,黄自修对该作品享有著作权。利用民间文学艺术再创作作品,作者的著作权不能及于民间文学艺术领域中公有的部分。南宁市艺术剧院的舞剧作品没有利用黄自修作品中的独创性部分,虽然舞剧《妈勒访天边》的人物设置、故事情节与黄自修的作品有相同或相似之处,但黄自修并没有举出充分的证据证明这些内容是其独创。因此,舞剧《妈勒访天边》对这些人物设置以及故事情节的使用不构成侵权。

但是黄自修较早地收集、整理了该民间故事并形成文字,对该民间文学故事的保存、流传具有重要的意义。两部作品客观上存在着承前启后的联系,舞剧《妈勒访天边》从黄自修的作品中间接受益。南宁市艺术剧院在本案审理中也本着实事求是、协商解决的态度处理本案的纠纷,在法院主持的调解中也同意给黄自修适当补偿。二审法院酌情判决由南宁市艺术剧院补偿黄自修人民币 3 万元。

案例分析

本案的裁判对于鼓励民间文学艺术的传承、创造、发展,保护宝贵的民间文学艺术遗产,具有积极的探索意义。对民间文学艺术衍生作品的著作权保护,既要肯定作者对作品的创造性劳动,保护作品的独创性,但又不能不恰当地把其中的公有领域部分的内容纳入作品的保护范围,阻碍民间文学艺术的传承以及他人利用该民间文学艺术进行正常的再创作。对于较早地收集、整理了民间文学故事并有独创性的作品,如果能够认定在后的作品和前者存在着明显的利用关系及间接受益,应当以公平合理的惠益分享原则妥善处理此类著作权纠纷。

第三章
著作权的权利内容

第一节　著作人身权

著作人身权又称精神权利,作者基于作品依法享有的以人身利益为内容的权利,是与著作财产权相对应的人身非财产权。作品不但具有经济价值,还体现了作者独特的人格、思想、情感等精神状态。作者对作品中体现的人格和精神享有的权利就是著作权人身权。根据大陆法系著作权相关理论,作品可以被视为作者人格延续和精神的展现,不仅仅是一个普通的财产。作者在创作作品时,往往会注入自身独特的思想感情和人格意识。因此,某种意义上讲,作品可以被看作是作者的"孩子"。根据《著作权法》的规定,著作人身权主要包括四项权能:发表权、署名权、修改权和保护作品完整权。

著作人身权具有以下系列特征:第一,法人和非法人团体在一定条件下可以视为作者,因此可以通过作者的身份享有著作人身权;第二,除发表权外,著作人身权的保护期限不受限制;第三,著作人身权具有较强的人身专属性,除发表权外,不得转让、继承;第四,著作人身权与民事权利中的其他人身权不同,二者赖以发生的法律事实不同,后者以民事主体自身的生命存续为前提,每个人无差别地享有,前者则以创作出文学艺术作品为法律事实。

一、发表权

根据《著作权法》的规定,发表权指作者决定作品是否公之于众的权利,即是否披露作品并使作品处于为公众所知的状态。公之于众是指通过出版发行、上映、广播、演出、网络传播等方式披露作品并将作品处于被公众所知悉的状态。

发表权是一次性权利。关于发表权一次用尽原则,注意以下两点:第一,行使发表权需要向不特定的第三人公开。公之于众的众是指不特定的人,而不是以人数的多少为判断标准。若仅对特定多数人公开,则尚未发表,如甲撰写论文《大海》。甲临终前将《大海》的原始稿件送给好友乙并叮嘱乙仅作收藏不要发表。后在课堂教学上,乙未经甲的继承人同意,擅自将《大海》复印了50份,发给课堂上的50名同学,乙再三要求同学们仅做学习资料不要外传。那乙是否侵犯了甲的继承人的发表权呢?答案是否定的,因为乙只是向特定多数人公开;第二,使作品处于公众可得而知的状态即可,不要求公众事实上已经知晓。这是一种客观的事实状态,至于公众是否实际了解或知悉该作品并不重要。《最高人民法院关于审理著作权民事纠纷案件适用法律若干问题的解释》第九条规定:"《著作权法》第十条第(一)项规定的公之于众,是指著作权人自行或者经著作权人许可将作品向不特定的人公开,但不以公众知晓为构成条件。"例如,画家将自己最新的素描画作上传至自己的新浪博客上,他将自己的博客设置为所有人可见,即便没有人通过新浪博客看到过这幅画作,但由于博客处于一种开放的事实状态,自画家将画作上传至新浪博客的那一刻起,任何人便都可以通过网络知悉该画作,因此画作已经处于一种为公众知悉的状态,画家的网络上传行为便是行使了自己的发表权。

著作权人行使其发表权,可以自己行使,也可以许可他人行使。满足下列三种情形的任一种,可以推定著作权人许可他人行使其发表权:第一,将未发表的美术作品或摄影作品的原件转让;第二,同意将未发表的作品摄制成电影;第三,将未发表之作品的著作财产权(如信息网络传播权、发行权)转让。

作者的继承人或受遗赠人可以在不违背作者生前意志的情况下发表该作品。《著作权法实施条例》第十七条规定:"作者生前未发表的作品,如果作者未明确表示不发表,作者死亡后50年内,其发表权可由继承人或者受遗赠人行使;没有继承人又无人受遗赠的,由作品原件的所有人行使。"

案例

钱钟书及其配偶杨季康、其女钱瑗三人曾先后向朋友李国强寄送私人书信百余封,该书信一直由李国强保管。2013年5月间,中贸圣佳公司发布公告表示其将于 2013 年 6 月 21 日下午举行"也是集——钱锺书书信手稿"拍卖活动,公开拍卖上述私人信件。此后杨季康向北京二中院提起诉讼,请求责令中贸圣佳公司及李国强立即停止相关侵权行为。

法院认为:涉案书信均为写信人独立创作的表达个人感情、观点或叙述个人生活及工作事务方面的内容,是以文字、符号等形式表达出来的文学、艺术和科学领域内的智力成果,符合作品独创性要求,是我国著作权法保护的作品。钱钟书、杨季康、钱瑗分别对各自创作的书信作品享有著作权,应受我国著作权法保护。杨季康、杨伟成(钱瑗的配偶)作为钱瑗的继承人,有权依法继承钱瑗著作权中的财产权,依法保护其著作权中的署名权、修改权和保护作品完整权,依法行使其著作权中的发表权。鉴于杨伟成书面表示同意杨季康单独在本案中主张相关权利,故杨季康依法有权主张涉案钱瑗的相关权利。同时,杨季康有权依法继承钱钟书著作权中的财产权,依法保护其著作权中的署名权、修改权和保护作品完整权,依法行使其著作权中的发表权。涉案相关书信均为写给李国强的私人书信,内容包含学术讨论、生活事务、观点见解等,均为与公共利益无关的个人信息、私人活动,属于隐私范畴,应受我国法律保护。钱锺书、杨季康、钱瑗各自有权保护自己的隐私权不受侵犯。杨季康作为钱钟书、钱瑗的近亲属和继承人有权就涉案隐私权问题提起本案诉讼。中贸圣佳公司作为涉案拍卖活动的主办者,已通过召开研讨会等方式将钱钟书、杨季康及钱瑗的书信手稿向相关专家、媒体记者展示,且未对相关专家、媒体记者不得以公开发表、复制、传播书信手稿等方式侵害他人合法权益予以提示,反而在网站中大量转载,其行为系对相关书信著作权中的发表权、复制权、发行权、信息网络传播权及获得报酬的权利的侵害,依法应当承担停止侵权、赔偿损失的法律责任。中贸圣佳公司未经杨季康许可,擅自向鉴定专家、媒体记者等展示、提供并放任相关人员在互联网上传播钱锺书、钱瑗、杨季康三人的私人书信及相关隐私,还对相关信息进行了大范围集中转载和传播,构成对相关权利人隐私权的侵害,造成了不良影响,依法应承担停止侵权、赔礼道歉、支付精神损害抚慰金的法律责任。李国强作为收信人,负有保护写信人通信秘密和隐私的义务,况且杨季康已于信中明确要求其将手中书稿信札等妥为保藏。基于此,李国强作为收信人,未经权利人同意擅自以转让或其他方式使得涉案书信手稿对外流转,且未对受让人及经手人等做出保密要求和提示,导致后续涉案侵权行为发生,亦构成对杨季康涉案隐私权的侵害,依法应与中贸圣佳公司承担连带责任。

问题

甲给他的女朋友乙写了一首情诗，并通过 EMS 寄给了乙，乙能否将情诗的内容发表？

参考结论

乙作为收信人虽然拥有该信件的所有权，但不能随意将信件里面的内容公之于众，否则会侵犯到甲的发表权。乙相对于甲而言，属于特定的对象，所以甲将情诗寄给乙的行为并不属于发表，甲还是拥有该诗的发表权。

案例

1988 年末至 1989 年初，"油画人体艺术大展"在北京中国美术馆举办，这是我国有史以来的第一次裸体人体艺术公开展出。在这次展览的过程中，一位模特在展厅画前被观众认出并遭恶语中伤，丈夫也因此与她闹离婚。另一位模特被公婆在电视新闻里认出来，引发了家庭纠纷。于是，两位人体模特强烈要求撤下作品，并要求学校给予经济赔偿并增加工资。后一个要求遭到拒绝。后来，在一家律师事务所的支持下，两位人体模特状告美术学院侵犯肖像权。这场官司又打了十年，1998 年才以调解方式并给原告一些经济补偿作为了结。

案例分析

作者对发表权的行使还可能受到他人民事权利的制约，如受肖像权、隐私权等权利的限制。

二、署名权

根据《著作权法》的规定，署名权即表明作者身份，在作品上署名的权利。署名权的权利内容可以分为积极权能和消极权能两个方面。

积极权能：第一，作者有权决定是否在作品上署名，署真名还是假名，合作作者署名的顺序。《最高人民法院关于审理著作权民事纠纷案件适用法律若干问题的解释》第十一条规定："因作品署名顺序发生的纠纷，人民法院按照下列原则处理：有约定的按约定确定署名顺序；没有约定的，可以按照创作作品付出的劳动、作品排列、作者姓氏笔画等确定署名顺序。"第二，作品以署名方式发表，原作品的作者享有在演绎作品上署名的权利。例如，某电影公司根据莫言先生小说拍摄了同名电影后，应当注明"根据莫言同名小说改编"。

消极权能：第一，作者有权禁止未参加创作的人在作品上署名；第二，使用他人作品,应当指明作者姓名、作品名称,但另有约定或由于作品使用方式所限无法指明的除外。例如,在邮票上使用剪纸,就可以不署剪纸创作人的姓名,因为邮票太小不太方便添加署名。再比如将他人美术作品印在衣服上进行销售时,未署名该美术作品作者,不构成侵犯署名权,因为按照使用习惯衣服上的图案一般不标明作者姓名。

署名权具有以下特征:第一,署名权不得转让、继承,也不存在放弃问题。第二,署名权的保护期不受限制,作者生前对署名权专有,死后署名权亦不得转让或继承。署名权保护的永久性,有利于防止他人在作者死后隐匿、改变作者姓名。第三,当作者的作品署名发表后,其他任何人以出版、广播、表演、翻译、改编等形式进行传播和使用时,需要注明原作品作者的姓名。

问题

制作或出售假冒他人署名的作品,是否侵犯他人的署名权?

参考结论

关于该问题,主要存在两种观点。一种观点认为:假冒他人之名制作或出售质量不高的作品,会影响作者的声誉,属于典型的侵犯精神权利的行为,在目前我国的司法实践中一般都采用了该观点。例如,1993 年上海朵云轩、香港永成拍卖有限公司联合在香港拍卖出售了一幅画《毛泽东肖像》,画上有“炮打司令部,我的一张大字报,毛泽东”字样,落款为“吴冠中画于工艺美院一九六二年”。拍卖前,吴冠中曾通过有关单位转告上海朵云轩这幅系假冒原告署名的伪作。但是,上海朵云轩在接到通知和书面函件后,仍与拍卖有限公司联合拍卖,甚至出具专家鉴定意见称,这是吴冠中的作品,致使该伪作被他人以港币52.8 万元购去。吴冠中便将两公司诉至上海二中院。法院经审理认为:公民的署名权受到法律的保护,同时法律禁止制作、出售假冒他人署名的作品。朵云轩和香港永成在经协议联合主办的拍卖活动中公开拍卖了假冒吴冠中亲笔署名的美术作品,共同构成了对其著作权的侵害。还有一种观点认为:著作权的产生是因作品而起,没有作品就没有著作权的问题。制作或销售冒名作品已经超出了《著作权法》关于署名权的权利范畴,应当属于盗用或冒用他人姓名权的行为,属于人格权侵权。

三、修改权

根据《著作权法》的规定,修改权即修改或者授权他人修改作品的权利。这里的修改权与著作财产权中的改编权不同,修改权的修改是对作品内容的局部修改以及文字、语法的修正,而改编权中的改编则是根据原作品的基本表达,产生了新的作品。因此,从结果上看如果产生了新的作品,就不是修改行为而是改编行为了。《著作权法》第三十六条规定:"图书出版者经作者许可,可以对作品修改、删节。报社、期刊社可以对作品作文字性修改、删节,对内容的修改,应当经作者许可。"因此,图书出版社如果未经作者许可,不能对作品进行修改、删节,包括不能对作品进行文字性的修改。而报社、期刊社如果未经作者的许可,不能对内容进行修改,但可以做文字性的修正。

四、保护作品完整权

根据《著作权法》的规定,保护作品完整权即保护作品不受歪曲、篡改的权利。歪曲是指故意改变事物的本来面目,篡改是指通过作伪的手段对作品进行改动。歪曲、篡改的结果是改动后的作品与作者在原作品中的基本表达相差很大,改编权所允许改变的是原作品的"形",而保护作品完整权所不允许的是歪曲、篡改原作品的"神"。很多国家将"可能会对作者造成声誉上的损害"作为侵权保护作品完整权的构成要件,我国《著作权法》中目前没有此规定,依法裁判是法院审理案件的基本原则,在法无明文规定的情况下,还不能将损害作者的声誉作为判断是否构成侵犯保护作品完整权的构成要件,但可以将作者的声誉是否受到损害作为判断侵权情节轻重的因素来考量。

基于合理利用作品的需要,保护作品完整权也会受到一定的限制。例如,建筑作品的作者在完成该作品的创作后,施工人员如果根据实际需要对建筑物进行必要的调整,并不构成对保护作品完整权的侵犯。再比如根据《著作权法实施条例》第十条规定:著作权人许可他人将其作品摄制成电影等视听作品的,视为已同意对其作品进行必要的改动,但是这种改动不得歪曲篡改原作品,即不改变原作品的主要情节和作者主要的思想感情的表达。该条文本身对这种改动进行了两个层面的限制:一是改动须是必要的,二是改动不得歪曲、篡改原作品。落实到电影改编中,一是如果对原作品所做的改动并非法律所规定的"必要的改动",那么这种改动应当不被允许;二是如果这些改动虽然属于必要,但是歪曲篡改了原作品,仍然是侵犯了作者的保护作品完整权,原作者可以予以制止。在广东省高院审理的电影《寡妇村》案中,法院认为:制片公司在摄制电影《寡妇村》的过程中,对原著《寡妇村的节日》所做的增删改动,并没有对原著的主要故事情节、主要作品内涵和主要人物关系做重大改变,其删改部分属导演再创作许可范围内的活动,故维持原判,对保护作品完整权的诉求不予支持。因此在电影改编中并不是不能改动原著内容,而是要在主要故事情节、主要作品内涵和主要人物关系上把握好分寸,且这种改变是必要的,不能歪曲、篡改原作品。

案例

2015 年 11 月《鬼吹灯》系列小说作者张牧野(天下霸唱),以电影《九层妖塔》侵犯其署名权和保护作品完整权为由,将中影公司等电影版权方以及导演兼编剧陆川诉至法院,要求法院判令被告方立即停止侵权行为,公开赔礼道歉、消除影响,并赔偿精神损失 100 万元。

张牧野认为,电影开头仅标明"根据《鬼吹灯》小说系列之《精绝古城》改编"而不署其名是侵犯署名权的行为;电影《九层妖塔》在改编摄制过程中,将原著小说的人物关系设置、主要人物的性格设定、故事情节的编排等都做了颠覆性的改动,这些改动已经严重歪曲、篡改了原作品,侵犯了作者的保护作品完整权。

一审法院于 2016 年 6 月 28 日做出一审判决,支持了张牧野关于署名权的诉求,但是驳回了关于保护作品完整权的诉求。一审法院认为,保护作品完整权的意义在于保护作者的名誉、声望以及维护作品的完整性,而在本案中,对电影的批评不是对原著的批评,更不是对作者的贬损,张牧野的声誉、声望并未因电影《九层妖塔》的改编摄制、上映而受到损害,因此电影制片方的行为并不构成对张牧野保护作品完整权的侵犯。

张牧野不服一审判决向北京知识产权法院提起上诉。

二审法院认为:作者的名誉、声誉是否受损并不是保护作品完整权侵权成立的要件。侵权作品是否获得了改编权并不影响保护作品完整权对作者人身权的保护。《著作权法实施条例》第十条规定改编视听作品可以进行"必要的改动",同时该但书条款也再次重申了"这种改动不得歪曲篡改原作品"。法条如此行文并不是不必要的重复,而是对保护作品完整权的强调。本案综合判断电影作品的改动客观上歪曲、篡改了原作品,故二审法院于 2019 年 8 月 8 日撤销一审判决,认定被告方侵犯了作者张牧野的署名权和保护作品完整权,改判应当停止涉案电影的发行、播放及传播,刊登致歉声明并赔偿张牧野精神损害赔偿金 5 万元。

第二节　著作财产权

著作财产权是指作者和其他著作权人依法以特定方式利用作品获得收益的专有性权利。所谓特定方式是指《著作权法》规定的复制、发行、出租、展览、表演等 13 种法定方式。《著作权法》的立法目的是促进作品的创作和传播,著作财产权赋予作者合法合理获取收益的权利,客观上能够激发更多人投入创作中,促进版权行业的繁荣。

一、复制权

根据《著作权法》的规定,复制权即以印刷、复印、拓印、录音、录像、翻录、翻拍、数字化等方式将作品制作一份或者多份的权利。复制权是著作财产权中的核心权利,在著作权法律制度诞生之初,权利人享有的主要是复制权和表演权。从目前的司法实践看,最常见的著作权侵权纠纷案件就是未经权利人许可进行非法复制的行为。

(一)复制行为的构成要件

要符合《著作权法》意思上的复制行为,要满足以下两个构成要件。

第一,将作品在有形物质载体上再现。在有形物质载体上再现作品是复制行为与表演、放映、广播等其他再现作品的行为的最大区别。如果没有借助有形物质载体再现作品,则不构成《著作权法》意义上的复制。例如,在演唱比赛时,演唱了他人的歌曲,就不属于《著作权法》意义上的复制。需要注意的是,人的身体有时可以作为有形的物质载体。如文身,作为一种符号象征,在一部分年轻群体中流行。文身师将设计出来的美术图案刻在了人的身体上,很多文身美术图案色彩鲜艳、风格艳丽,如果这些美术图案构成作品,那文身的行为便是复制行为。

第二,作品应当相对稳定和持久地固定在有形物质载体上。根据《著作权法》的规定,行使复制权要将作品制作一份或者多份,如果要产生复制件,就需要将作品相对稳定和持久地固定在有形物质载体上。如将电子版照片洗印出来就是典型的复制行为,将摄影作品固定在有形的物质载体——相片纸上,形成作品的有形复制件——有形的相片。再比如湖南卫视对 2021 年跨年晚会进行了现场直播,虽然晚会里面的各种节目会通过电视机得以再现,但这种再现不属于《著作权法》意义上的复制行为。因为虽然电视机属于物质载体,但实际上直播的晚会节目只是通过电视机的屏幕实时播放,而没有稳定和持久的固定在电视机中,一旦信号被掐断或演出结束,电视机中的晚会直播节目就不再播放了。

(二) 复制行为的分类

复制行为从宏观层面可以分为精确复制和非精确复制。前者包括典型的盗版行为,如在电影院对正在上映的电影进行偷录的行为。后者包括稍做修改抄袭他人作品的情形等。复制行为从微观层面可以进行以下分类。

1. 平面到平面的复制

平面到平面的复制是人们最为熟悉的一种复制方式,是指作品在复制之前被固定在某平面载体上的,复制之后同样被固定在某平面载体上,如胶片打印、书本印刷、文件扫描等。

2. 平面到立体的复制

平面到立体的复制是指作品在复制之前被固定在某平面载体上,复制之后被固定在三维载体上。例如,美国迪士尼公司设计了很多二维卡通形象,如米老鼠、唐老鸭、小熊维尼、兔八哥、加菲猫等,迪士尼公司将这些卡通形象进行了一系列的衍生品开发,将卡通形象立体化,如在世界很多国家开办迪士尼乐园,在上海迪士尼乐园里,一个米奇的氢气球就可以卖到 60～70 元。除了平面美术作品可以立体化外,建筑作品设计图同样可以立体化。某些三维建筑物如果不仅具有功能性,还可以给人带来美的享受,符合独创性的要件,同样也是《著作权法》意义上的作品。当然,完成建筑作品设计图是完成建筑作品的关键一步,因为建筑物具有的独创性设计已经都包含在其中了,根据建筑作品设计图进行建造就属于立体化的复制行为。需要注意的是,如果三维的建筑物不属于著作权法意义上的作品,那根据设计图的建筑行为就不属于《著作权法》意义上的复制行为。

案例

基于著作权人株式会社藤子·F·不二雄的授权,株式会社小学馆集英社享有对《哆啦A梦》在中华人民共和国(包括香港和澳门)范围内的著作财产权,又基于株式会社小学馆集英社对 ANIMATION INTERNATIONAL FZ-LLC 及该公司指定的代理人国际影业有限公司的授权,国际影业有限公司享有在中华人民共和国(包括香港和澳门)行使"哆啦A梦"著作权的实施使用许可、对侵权行为进行诉讼以及授权第三方等权利。国际影业有限公司后在 2014 年,将所享权利全部授权艾影商贸公司[艾影(上海)商贸有限公司]在中国大陆范围内行使,期间为 2014 年 1 月 1 日至 2014 年 12 月 31 日。2014 年 10 月,万达商业公司(重庆万州万达商业广场有限公司)与亿众传媒公司(重庆亿众传媒有限公司)签订动漫活动的承揽合同,约定亿众传媒公司为万达商业公司在万州万达广场举办的动漫展活动提供承揽服务,且保证所提供的活动服务以及相关材料不存在任何权属瑕疵。此后,亿众传媒公司为履行合同约定,在万州万达广场的广场上以及商场内部布置了 50 个"哆啦A梦"立体模型,并在商场内多处放置印有"哆啦A梦"形象的平面宣传广告,万达商业公司又通过名为"重庆市万州区万达广场"的官方微信发布消息,配有 1 张含有"哆啦A梦"的现场照片,上述立体模型和平面广告中的卡通形象与艾影商贸公司享有著财产权的"哆啦A梦"形象一致,亿众传媒与万达商业公司的上述行为并未经过艾影商贸公司的许可。

艾影商贸公司以万达商业公司、万达物业公司(重庆万达广场物业管理有限公司)、万达物业万州分公司(重庆万达广场物业管理有限公司万州分公司)以及亿众传媒侵犯其著作财产权为由请求判令上述公司向其公开赔礼道歉并赔偿经济损失。

法院经审理后判决:被告万达商业公司与被告亿众传媒公司于本判决生效之日起 10 日内连带赔偿原告艾影商贸公司损失(含制止侵权行为所支付的合理开支) 12 万元;驳回原告艾影商贸公司的其他诉讼请求。宣判后,双方当事人均未提起上诉,判决发生法律效力。

本案中,权利人经授权享有对平面美术作品的著作财产权及对侵犯财产权人提起诉讼的权利。订立合法有效的承揽合同的双方,在具体履行合同的过程中,将权利人享有著作权的平面美术作品立体化,做成立体模型交付用作商业展览。权利人经授权享有著作财产权,包括复制权。复制的含义应当包括无任何独创性、仅仅是载体发生变化的平面美术作品的立体化行为,未经权利人的授权许可,将平面美术作品或艺术作品的立体化,并用于商业展览,无论侵权人的主观故意或过失,都属于侵犯著作权人复制权的行为,因此,作为具体行为人的承揽合同的承揽方应承当侵权责任,加之定做人与承揽人之间具有承揽合同关系,定做人未能证明自己尽到了注意义务,应当与承揽人对侵权行为承担连带责任。

3. 立体到平面的复制

立体到平面的复制是指作品在复制之前被固定在三维载体上,复制之后被固定在平面载体上,如对雕塑作品或建筑作品进行实景拍摄就是典型的代表。人们在参加艺术雕塑展时,往往会发现在展厅中央会提示游客禁止拍照,一旦有人未经许可进行拍摄便有可能侵犯了作者的复制权。需要注意的是,《著作权法》第二十四条第十款规定:"对设置或者陈列在公共场所的艺术作品进行临摹、绘画、摄影、录像,可以不经著作权人许可,不向其支付报酬。" 这是因为一旦作品置于公共场所,再限制公众对这些作品进行立体到平面的复制,是对私权利的过度保护,且对公共场所的复制行为是很难控制的。

4. 立体到立体的复制

立体到立体的复制是指作品在复制之前被固定在三维载体上,复制之后同样被固定在三维载体上。通常情况下,复制他人三维作品,需要经过从立体到平面,再从平面到立体的过程,先根据立体造型绘制平面图,再根据平面图复制立体艺术品。但有些艺术家可以直接根据立体艺术品进行同等比例或缩小比例的复制。

5. 无载体到有载体的复制

无载体到有载体的复制是指作品在复制之前没有固定的有形载体,复制之后被固定在有形载体上。例如有人在街头上进行快闪表演,这时作品没有物质载体,如果有他人利用手机、摄像机将这个表演进行录制,则该表演就被固定在物质载体上,存储器里面的录像就成了作品的复制件。

6. 传统作品的数字化

随着科学技术的不断发展，很多新的行为可以满足《著作权法》对复制行为的要求。随着数字技术的更新换代，使得很多传统作品可以通过新技术被固定在新型物质载体上。

目前，数字环境下作品的复制行为主要包括以下几种类别。

第一，将作品通过各种方式固定在 U 盘、硬盘、芯片等媒介上，如将小说的 TXT 文本文件拷贝到电脑硬盘中，将美术作品通过扫描仪扫描成数字格式保存在计算机中。

第二，将作品上传到网络服务器中，如向新浪博客、腾讯邮箱、BBS、百度网盘等网络平台上传作品的行为都会使得作品以数字化的格式在网络服务器中形成永久性的复制件。

第三，从互联网服务器下载作品到本地计算机服务器或通过局域网将他人计算机的中的共享文件保存到本地计算机服务器的行为。需要注意的是，只是通过网络进行在线阅读、浏览作品的行为由于没有在本地计算机服务器中形成永久复制件，不属于复制行为。

第四，通过网络将作品传送给其他计算机用户，如将作品的数字化文件通过邮箱传送给其他目标用户，文件发送后会在其他用户的邮箱里形成作品的永久复制件。

二、发行权

根据《著作权法》的规定，发行权即以出售或者赠予方式向公众提供作品的原件或者复制件的权利。因为原件只有一份，所以向公众提供的往往是作品的复制件，因此发行权主要是控制向社会提供作品复制件的行为。

（一）发行行为的构成

著作权中的发行行为与我们日常生活中所说的"出版发行"有所差异，"出版发行"一般是指出版社将作品刊印成册再向社会销售。而著作权中的发行主体不仅限于出版社，发行方式也不仅限于销售。要符合《著作权法》意思上的发行行为，要满足以下构成要件。

第一，该行为应当向公众提供作品的原件和复制件，这里的公众是指不特定的人。如拍卖行向社会公开拍卖名人字画的行为,新华书店出售图书的行为等。但如果作者将自己创作的小说底稿复印三份送给三个朋友,便不构成发行行为。

第二,该行为应当向他人转移有形物质载体的所有权。作品原件是作品首次被固定在有形物质载体上形成的,复制件是通过复制行为把作品固定在其他有形物质载体上。因此,无论是作品原件还是作品的复制件,都是由作品和有形物质载体构成。向公众提供作品的原件和复制件,也意味着向他人转移有形物质载体的所有权。这是发行行为区别于展览、表演、放映、广播等行为的关键点。公开的舞蹈表演、诗歌朗诵、艺术品展览、电视节目转播等行为虽然也能将作品传送给公众,使公众欣赏到作品的内容,但公众并不能因此获得作品的原件和复制件,所以不属于发行行为。

问题

通过网络传输向公众提供作品属于发行行为吗?

参考结论

互联网改变了人们的生活,也改变了作品的传播方式。当网络用户将作品的数字化文件上传至网络服务器后,其他用户就可以将这些文件下载保存至本地计算机服务器中,从而取得作品的复印件。这种方式与传统意义上的发行行为的不同之处在于前者不会导致作品有形载体在物理上的转移。书店出售图书会转移作品有形物质载体的所有权,而通过网络传输作品并不是将原有的数字化文件及有形载体——网络硬盘等转移给收件人,而是由网络服务器自动复制一份数字文件并传送至下载者的计算机中。因此,通过网络传输作品并不导致作品有形载体物理上的变动,而是在新的有形载体上形成了新的复制件,使得复制件在数量上增加。

目前,有很多人认为发行行为应当包括通过互联网向公众传输作品的行为。但实际上,关于发行与网络传播两者的区别,《著作权法》有明确的界定:发行权是以出售或者赠予方式向公众提供作品的原件或者复制件的权利,而信息网络传播权是以有线或者无线方式向公众提供,使公众可以在其选定的时间和地点获得作品的权利。前者提供作品的原件或者复制件意味着需要转移作品的有形物质载体,而后者提供作品则不要求转移作品的有形物质载体。因此通过网络传输向公众提供作品不属于发行行为。

案例

华夏电影发行公司诉华网汇通公司和湖南在线网络传播公司案中[（2004）朝民初字第1151号]，法院审理后认为：华夏电影发行公司对影片《终结者3》仅享有影院独家发行权，仅能就侵犯该权利的行为提出主张，而"通过网络擅自上载并传播该影片的行为，并未落入其对该影片所享有的影院独家发行权范畴"。据此，法院驳回了华夏电影发行公司的诉讼请求。

案例分析

由于原告华夏电影发行公司仅对该电影享有发行权而没有信息网络传播权，因此对他人的网络传播行为诉以侵犯发行权实为诉因选择的错误，被法院驳回无可厚非。

（二）发行权一次用尽原则

发行权一次用尽原则是权利穷竭原则在著作权领域的应用，是指经著作权人许可，向公众出售或赠予作品的原件或复制件后，该作品原件或复制件的发行权消灭，他人向公众再出售或赠予该特定作品原件或复制件的行为不侵犯发行权。意味着权利人对作品原件或复制件的发行权在其被合法销售或赠予后权利就穷竭了，对正版作品的再发行不构成侵权。例如，学生毕业后将自己的正版书本折价卖给二手书商，二手书商再予以销售的行为无须经过著作权人的同意，背后的法理依据就是这里的发行权一次用尽原则。

立法者创设发行权的主要目的是为了预防他人出售作品非法复制件的行为，如果作品的原件或复制件已经经过权利人的授权而合法进入了市场，此时再赋予著作权人限制买受人再次转售的权利，必然会与立法者的目的相违背，也与市场经济下合法商品自由流通的基本原则相违背。

需要注意的是，要想适用发行权一次用尽原则需要满足以下两个条件。第一，作品复制件需要经著作权人的授权或依法制作。例如，甲撰写了一部《经济法》教材，与某出版社签订了教材出版协议，协议中规定了出版社出版印刷的数量为2000本，出版社向新华书店出售了这2000本教材便适用发行权一次用尽原则，新华书店可以合法地将这2000本教材再卖给普通消费者。如果这本《经济法》教材市场销售非常火爆供不应求，出版社未经作者授权再加印了5000本，那出版社的行为构成了发行权侵权，出版社将这5000本加印的教材卖给了书店，书店再向消费者销售的行为不适用发行权一次用尽原则，著作权人甲有权进行干涉,原因在于这 5000 本教材是未经权利人许可的非法复制件。第二,作品原件或依法制作的作品复制件的销售、赠予行为须经著作权人同意或合法合规,否则未经著作权人授权或违法出售、赠予作品原件或复制件行为,以及买受人、受赠者再次向出售、赠予行为,均构成对著作权人甲发行权的侵犯。

案例

甲创作诗歌集《蔚蓝大海》,授权乙出版社出版发行,每册定价为 30 元人民币。丙书店从乙出版社购进 800 册诗歌集,又进行了重新标价,按每册 50 元人民币出售,市场销售非常火爆。

问题

丙书店的行为是否侵犯了甲的发行权?

参考结论

甲授权乙出版社出版发行该诗歌集后,因该诗歌集属于正版,发行权用尽。丙向公众的再次销售行为不侵犯甲的发行权。丙的行为是否构成其他方面的侵权需要参考其他法律条文的规定。

案例

甲创作诗歌集《蔚蓝大海》,授权乙出版社出版发行,每册定价为 30 元人民币。丙书店购进盗版诗歌集 800 册,又进行了重新标价,按每册 50 元人民币出售,市场销售非常火爆。

问题

丙书店的行为是否侵犯了甲的发行权?

参考结论

发行权仅在依法或已授权的正版图书上用尽。丙的购买盗版诗歌集再出售的行为侵犯了甲的发行权。

案例

甲创作诗歌集《蔚蓝大海》,分别授权中国大陆和中国澳门的出版社出版发行。该书在中国大陆销售火爆,但在中国澳门却销售惨淡。乙书店从中看出商机便从中国澳门的授权出版社低价采购 800 册诗歌集,再销往中国大陆。

问题

乙书店的行为是否侵犯甲的发行权?

参考结论

著作权具有地域性的特点，甲对其创作的诗歌集《蔚蓝大海》既在中国澳门享有著作权，也在中国大陆享有著作权。甲在中国澳门出版发行的正版诗歌集，发行权在中国澳门已经用尽。但这些正版诗歌集的发行权是否同样也在中国大陆用尽，目前还没有具体的法律规定。乙书店的行为实质上属于平行进口，根据《专利法》第 69 条的规定平行进口不构成侵权，但也仅限于专利领域，《著作权法》无此规定。

三、出租权

根据《著作权法》的规定，出租权即有偿许可他人临时使用视听作品、计算机软件的原件或者复制件的权利，计算机软件不是出租的主要标的的除外。该规定明确了出租权针对的行为并不是提供视听作品和计算机软件本身，而是临时转移作品原件和复制件的占有。发行权与出租权都是针对作品的原件或复制件，区别在于发行权针对的是转移原件或复制件所有权的行为，而出租权针对的是临时转移原件或复制件占有的行为。

《著作权法》关于作品的出租权只赋予视听作品和计算机软件两类作品的著作权人。但对于计算机软件而言，如果该软件并非出租的主要标的，而只是被出租物中的次要组成部分，则出租行为无须经过著作权人的同意。例如，甲向海信电视公司租赁了 100 台海信全面屏液晶电视，电视中如果安装了如爱奇艺、优酷等视频软件，由于这些软件并非出租的主要标的，因此此类未经软件著作权人许可的出租行为不构成侵权。

除此之外，《著作权法》第三十九条第五款规定："表演者对其表演享有下列权利：许可他人复制、发行、出租录有其表演的录音录像制品，并获得报酬。"《著作权法》第四十四条第一款规定："录音录像制作者对其制作的录音录像制品，享有许可他人复制、发行、出租、通过信息网络向公众传播并获得报酬的权利。"因此，除了两类著作权人享有出租权外，还有作品的表演者和录音录像制作者两类邻接权人享有出租权。

案例

甲创作军旅题材小说《走向深蓝》，乙将小说改编成剧本，丙公司摄制成电影《走向深蓝》并制作了电影的正版 DVD 进行发售，丁为电影配乐，戊公司经过丁的许可将电影歌曲制成 CD 唱片进行发售。现高某购进 20 本盗版《走向深蓝》小说、10 本盗版《走向深蓝》电影剧本、10 盘正版 DVD、10 盘正版 CD 擅自向公众出租。

问题

高某的行为侵犯了谁的出租权？

参考结论

高某的行为侵犯了丙和戊的出租权,丙是视听作品著作权人,戊是录音制品制作者。甲、乙、丁三人不享有出租权。

案例

甲创作军旅歌曲《走向深蓝》,歌手乙经甲许可公开演唱了这首歌,丙音像出版社经甲、乙的许可将乙公开演唱的歌曲制成 CD 进行发售。丁购买了 5 盘正版 CD 用于出租。

问题

丁的行为侵犯了谁的出租权？

参考结论

丁的出租行为侵犯了表演者乙、录音录像制品制作者丙的出租权,甲作为歌曲的著作权人不享有出租权。

四、表演权

根据《著作权法》的规定,表演权即公开表演作品以及用各种手段公开播送作品表演的权利。因此,表演权主要控制两类行为:一类是演员进行公开的活表演,又称公开的现场表演;一类是公开的机械表演。需要注意的是,有两类表演行为不受表演权的控制:一类是非公开的表演,包括非公开的现场表演(如在家里表演唱歌)和非公开的机械表演(如在家中的电视上投屏电影);一类是免费的公开表演,《著作权法》第二十四条第九项规定:"免费表演已经发表的作品,该表演未向公众收取费用,也未向表演者支付报酬,且不以营利为目的,可以不经著作权人许可,不向其支付报酬,但应当指明作者姓名或者名称、作品名称。"因此,免费表演是指双向免费,既不向观众收取费用,也不向表演者支付报酬。

（一）公开的现场表演

公开的现场表演包括向公众现场表演音乐作品、戏剧作品、舞蹈作品、杂技作品、文字作品等，如向公众现场演奏乐曲、上演剧本、朗诵诗歌、公开授课等。在湖南卫视2018年的《我是歌手》节目中，哈萨克斯坦歌手迪玛希率先出场，凭借海豚音和高颜值一举拿下冠军，成为最大黑马。迪玛希迅速走红却也引来了侵权纠纷。歌手维塔斯方面随即向湖南卫视节目组发出律师函，称禁止迪玛希未经授权公开演唱他的歌曲，并斥湖南卫视行为非常不妥。《著作权法》第三十八条规定："使用他人作品演出，表演者应当取得著作权人许可，并支付报酬。演出组织者组织演出，由该组织者取得著作权人许可，并支付报酬。"

案例

在中国音乐著作权协会（以下简称音著协）诉被告北京艺恒盛世文化发展有限公司（以下简称艺恒盛世公司）、福建省中视传播有限公司（以下简称中视公司）侵犯表演权纠纷一案中，音著协系以集体管理的方式代表音乐著作权人行使权利的音乐著作权集体管理组织。香港作曲家及作词家协会系我国香港特别行政区的音乐著作权集体管理组织。2003年9月，两协会签订相互代表合同，约定香港作曲家及作词家协会授权音著协在中国大陆地区代为行使其与作者签约的音乐作品公开表演的专有权利。2007年5月12日，被告艺恒盛世公司和中视公司共同在杭州黄龙体育中心举办了名为"2007学友光年张学友好久不见中国巡回演唱会（福州站）"的演出，公开表演了音著协管理的《只想一生跟你走》《饿狼传说》《摇摇》《讲你知》《给朋友》《明天我要嫁给你》《忘记他》《我真的受伤了》等8首音乐作品。涉案歌曲《只想一生跟你走》的词曲作者为刘卓辉、巫启贤，《饿狼传说》的词曲作者为潘伟源、刘诺生，《摇摇》的词曲作者为古倩敏、张学友，《讲你知》的词曲作者均为张学友，《给朋友》的词曲作者为古倩敏、张学友，《明天我要嫁给你》的词曲作者均为周华健，《忘记他》的词曲作者为刘卓辉、刘诺生，《我真的受伤了》的词曲作者均为王菀之。上述词曲作者均与香港作曲家及作词家协会签订"让与契约"，将对音乐作品的相关权利转让给该协会。音著协依据相互代表合同代表香港作曲家及作词家协会对上述8首歌曲在大陆地区表演权进行管理和行使。

法院经审理后认为：音著协作为音乐著作权人的集体管理组织，其根据与香港作曲家和作词家协会的相互代表合同，对与香港作曲家及作词家协会签约的词曲作者的音乐作品在中国大陆地区进行著作权管理。涉案音乐作品的词曲作者与香港作曲家及作词家协会签订的有关"让与契约"已明确约定该协会取得了涉案音乐作品的著作权(包括表演权),而音著协与该协会签订的《相互代表合同》又明确约定音著协及该协会可以对对方会员的音乐作品的著作权享有独占权。因此,音著协有权就涉案音乐作品收取使用费亦有权提起本案诉讼。根据我国《著作权法》的规定,使用他人作品演出,表演者(演员、演出单位)应当取得著作权人许可,并支付报酬。演出组织者组织演出,由该组织者取得著作权人许可,并支付报酬。在涉案演唱会上,在未经音著协许可亦未付费的情况下被告使用了 8 首涉案音乐作品,已构成对音著协就涉案音乐作品所享有的表演权的侵犯。虽然上述 8 首歌曲中有部分作品为张学友本人作词作曲,但根据张学友与香港作曲家及作词家协会签订的协议,其已将自己创作歌曲的表演权转让给该协会,该协会又授权音著协进行管理,演唱会的组织者应当就其使用行为向音著协支付使用费。该演唱会的主办单位及承办单位作为演唱会的组织者和权利义务承担者应就侵权行为承担相应法律责任。

(二) 公开的机械表演

公开的机械表演是指通过技术设备向公众传播作品的表演的行为,但不包括公开放映电影和通过广播播放作品。在商场、咖啡厅、机场、火车站、酒店等公开场所播放音乐的行为就是典型的公开的机械表演。在这些场所播放音乐一定程度都带有营利性质,应当向著作权人支付报酬。目前代表音乐著作权人的集体管理组织——音著协已经制定了各类营业场所播放背景音乐的收费标准,商家支付相关费用后就可以公开合法地播放由中国音乐著作权协会负责管理的音乐作品了。

案例

2017 年 3 月,中国音著协发现,北京欢乐谷在园区内以背景音乐的方式,通过音响设备公开播放了 *Pass the Flam*。中国音著协起诉称,特雷弗·霍恩与洛尔·克莱梅已经与英国表演权协会有限公司(下称英国表演权协会)签订会员协议,而会员协议明确约定作者将音乐作品的表演权转让给英国表演权协会。与此同时,中国音著协已经与英国表演权协会签订了相互代表合同,合同中约定,英国表演权协会授权音著协行使英国表演权协会作品库全部音乐作品表演权的专有许可,包括对作品现场表演或机械表演。华侨城实业公司在未取得任何授权的情况下,在其经营的北京欢乐谷大型游乐场以背景音乐的方式公开使用涉案音乐作品,其行为涉嫌侵犯了该作品的表演权。中国音著协曾多次与华侨实业公司进行沟通,并在2017年5月发送了律师函,在沟通未果、对方未予回应的情况下,中国音著协将华侨实业公司起诉至法院,请求法院判令停止侵权,并赔偿经济损失5万元。

根据音著协官网公示的"使用音乐作品进行表演的著作权许可使用费标准",主题公(乐)园、游乐园类场所缴费标准为:音乐著作权许可使用费=年度门票收入×0.4%。其中,年度门票收入=门票价格×入场人次。按以上标准计算的费用,不得低于最低保障金,低于最低保障金的按最低保障金计算。举例来说,根据中国音著协所列的最低保障金标准,年度入场人次在50万(含)以下的,门票价格为201~250元的,最低保障金为20万元,每增加50元费用增加4万元;而门票价格在50元(含)以下的,年度入场人次在300万(不含)~350万的,最低保障金为28万元。

五、放映权

根据《著作权法》的规定,放映权即通过放映机、幻灯机等技术设备公开再现美术、摄影、视听作品等的权利。放映权的设立意味着在公开场所放映电影不属于表演权的范围,在公开场所放映电影应当获得著作权人的许可并支付报酬。在实际生活中,宾馆、社区等公开场所和学校、机关等半公开场所播放电影时很少有人主动向著作权人支付报酬,要想解决该问题,一方面需要依靠公众知识产权意识的进一步提高,另一方面中国电影著作权协会作为全国统一的电影作品著作权管理组织,需要积极落实《电影作品使用费收取标准办法》,面对不法侵权时积极维权,加大侵权人的侵权成本。

思考

露天免费放映电影法律是否允许?

参考结论

《电影产业促进法》第二十条规定:"未取得电影公映许可证的电影,不得发行、放映,不得通过互联网、电信网、广播电视网等信息网络进行传播,不得制作为音像制品;但是,国家另有规定的,从其规定。"企业、个体工商户具有与所从事的电影放映活动相适应的人员、场所、技术和设备等条件的,经所在地县级人民政府电影主管部门批准,可以从事电影院等固定放映场所电影放映活动。负责电影发行、放映活动审批的电影主管部门,应当自受理申请之日起三十日内,做出批准或者不批准的决定。对符合条件的,予以批准,颁发电影发行经营许可证或者电影放映经营许可证,并予以公布;对不符合条件的,不予批准,书面通知申请人并说明理由。企业、个人从事电影流动放映活动,应当将企业名称或者经营者姓名、地址、联系方式、放映设备等向经营区域所在地县级人民政府电影主管部门备案。因此,这里涉及公映资质的问题,需要版权方和政府电影主管部门的双重认可才可以放映。

六、广播权

根据《著作权法》的规定,广播权即以有线或者无线方式公开传播或者转播作品以及通过扩音器或者其他传送符号、声音、图像的类似工具向公众传播广播的作品的权利,但不包括本款第十二项规定的权利。广播权规制三类行为:第一是以无线或有线方式公开传播作品;第二是以无线或有线方式公开转播他人公开传播的作品;第三是以扩音器、投影仪、电视机等技术设备向公众传播所接收到的他人正在公开传播或公开转播的作品。通过信息网络传播作品的行为,非交互性的归广播权控制,交互性的归信息网络传播权控制,立法者将网络直播行为纳入广播权的权利控制范围,今后网络主播未经许可翻唱、挂播他人作品,将受到广播权的规制。

七、信息网络传播权

根据《著作权法》的规定,信息网络传播权即以有线或者无线方式向公众提供,使公众可以在其选定的时间和地点获得作品的权利。凡未经著作权人许可,将作品上传至有线或无线网络上,使公众可以在其选定的时间和地点在线浏览或下载作品,就侵犯了著作权人的信息网络传播权。《最高人民法院关于审理侵害信息网络传播权民事纠纷案件适用法律若干问题的规定》第二条规定:"本规定所称信息网络,包括以计算机、电视机、固定电话机、移动电话机等电子设备为终端的计算机互联网、广播电视网、固定通信网、移动通信网等信息网络以及向公众开放的局域网络。"

在互联网出现前,传播行为仅指传播者提供作品供人欣赏的单向传播。公众只是传播行为的被动接受者,只能在传播者选定的时间和地点欣赏作品,如20世纪90年代初,全国报业出现了一种奇特的广播电视报现象。以刊登广播电视节目表为主的广播电视报,如雨后春笋在全国各地生根发芽。公众可以根据广播电视报里的节目预告在预定的时间打开某电视台收看自己喜爱的节目。因此,像现场表演、机械表演、广播电台和电视台的广播等传统的广播行为都是由受众群体被动接受的单向传播。

互联网的出现对传播形式方面带来的最大变化是实现了交互式传播,公众能够根据自己的喜好自主的选择信息的内容和接收信息的时间和地点。因此,交互式传播又被称为按需传播,如果将作品上传到公开的网络服务器后,只要作品没有被删除且网络服务器一直处于在线状态,用户就能通过任何一台联网电脑在自己选定的时间点对该作品进行线上浏览和下载。

我国《著作权法》规定的信息网络传播权不能简单地通过字面意思理解为只要是通过互联网传播作品都受到该权利的规制,该权利规制的对象是通过信息网络进行交互式传播作品的行为。如果传播行为没有采用交互式传播方式,即便通过互联网传播了作品,也不受信息网络传播权的控制。例如,很多网站提供一些网播服务,用户登录网站后需要根据节目预告按时间顺序在线收听或收看节目,无法自主选择,这种网播服务又称为定时传播,不属于交互式网络传播,公众只能按照传播者预先设定好的时间获取作品,无法自己选定时间获取作品,属于广播权控制的范畴。如果网站将以往的节目录制下来,供公众根据自己的时间进行点播,这就成为交互式网络传播,受信息网络传播权的控制。

根据《著作权法》的规定,信息网络传播权控制的是以交互式手段向公众提供作品的行为。何为"提供"？"提供"是指一种使公众能够获得作品的行为,至于公众是否真正获取作品在所不问,只要将作品上传至网络服务器供公众在选定的时间和地点下载或在线使用即可。

信息网络传播权的实质在于控制交互式传播行为,对于法律规定的"公众可以在其选定的时间和地点获得作品"的用语也只是用来描述交互式传播行为的特征而已。任何通过互联网实现了交互式传播的行为都应受到信息网络传播权的规制,当然也不能将"公众可以在其选定的时间和地点获得作品"理解为公众可以选择任何的时间和地点。通过列举两个例子进行理解：① 某网站将电影《建国大业》上传至网络服务器供用户点击阅览或下载,并通过技术手段仅在上午 8～11 点开放服务器,用户每天只能在这 3 个小时才能在线观看和下载;② 青岛电影学院图书馆购买了知网的校内服务账号,供在校师生在校期间通过校内网免费登录知网进行文献在线学习和下载,一旦离开学校,就无法登录。在这两个例子中,传播者一定程度上限定了获取作品的时间和地域范围,但用户可以通过网络根据自己的情况自行选择时间和地点进行点播,仍属于交互式传播,受信息网络传播权的规制。在第一个例子中,虽然网络服务器的开放时间被限定在上午 8～11 点,但在这段时间内,用户还是可以自行选择时间登录网站在线欣赏或下载该电影。在第二个例子中,虽然知网的校内服务账号只能在校期间使用,但师生可以自行选择时间出入校园,在校园内登录校园网选择任意一台联网电脑就可以登录知网在线学习和文献下载。因此,这两种行为均受到信息网络传播权的控制。

随着技术的发展,除了互联网外,传播者还可以通过其他的有线或无线网络进行交互式传播。例如,很多家庭都办理了数字电视服务,开通该服务后可以家中自行点播电影、电视剧、综艺、新闻等节目,并可以根据点播的内容付费,这同样也能使公众在其选定的时间和地点获得作品。因此,数字电视服务商提供的此类服务也属于交互式传播而受信息网络传播权的规制。

案例

甲电影公司摄制了电影《走向深蓝》,乙通过某 p2p 软件下载观看后感觉意犹未尽,便在自己的电脑上设置了专门的电影分享文件夹,将该电影放在分享文件夹中,供其他用户通过该 p2p 软件下载观看。

问题

乙的行为是否侵权了甲电影公司的信息网络传播权?

参考结论

《最高人民法院关于审理侵害信息网络传播权民事纠纷案件适用法律若干问题的规定》第三条规定:"网络用户、网络服务提供者未经许可,通过信息网络提供权利人享有信息网络传播权的作品、表演、录音录像制品,除法律、行政法规另有规定外,人民法院应当认定其构成侵害信息网络传播权行为。通过上传到网络服务器、设置共享文件或者利用文件分享软件等方式,将作品、表演、录音录像制品置于信息网络中,使公众能够在个人选定的时间和地点以下载、浏览或者其他方式获得的,人民法院应当认定其实施了前款规定的提供行为。"乙虽然只是把电影下载到自己的电脑中,但根据 p2p 软件的技术特点,只要乙打开电脑并使其处在联网状态,乙的电脑此时就如同一个具有共享功能的网络硬盘,其他用户可以在其选定的时间和地点下载该电影,因此,乙侵权了甲电影公司对该电影享有的信息网络传播权。

案例

甲创作了歌舞剧《大海》,由乙剧团进行演出,丙电视台进行现场直播。丁擅自将丙电视台的直播信号接到自己的网站上(未录制存储),供用户在线观看。

问题

丁的行为都侵犯了什么权利?

参考结论

信息网络传播权与广播权的区别在于,信息网络传播权控制的是交互式传播行为,该行为已经将作品存储至网络硬盘中,用户可以在其选定的时间和地点使用该作品。而广播权控制的传播行为并未将作品存储至网络硬盘中,用户获取作品是被动的,无法对获取作品的时间进行选择。丁的行为侵犯了甲的广播权而非信息网络传播权,因为丁仅是将丙电视台的直播信号接到自己的网站上供用户在线观看,没有进行存储,属于非交互式传播行为。与此同时,丁还侵犯了乙剧团表演者权中的广播权和丙广播组织者权中的转播权。

八、展览权

根据《著作权法》的规定,展览权即公开陈列美术作品、摄影作品的原件或者复制件的权利。立法者采用了列举式的立法模式,将展览权的客体限于美术作品、摄影作品的原件或者复制件,而不承认一般意义上的展览权。

《著作权法》第二十条规定:"作品原件所有权的转移,不改变作品著作权的归属,但美术、摄影作品原件的展览权由原件所有人享有。作者将未发表的美术、摄影作品的原件所有权转让给他人,受让人展览该原件不构成对作者发表权的侵犯。"作品的有形物质载体具有双重身份,既是可以流通的有体物,也是可以作为展现作品内容的载体。当著作权人与所有权人分离时,通常情况下两者分别行使作品的著作权和所有权并不会冲突。但有些情况下,著作权人的著作权会影响所有权人对作品有形物质载体的使用。此时法律就会对两者拥有的权利进行一定的协调,如将艺术作品陈列在公共场所的著作权人无法阻止公众对其作品进行临摹、绘画、摄影和录像。再比如经著作权人许可向公众出售或赠予作品的原件或复制件后,该作品原件或复制件的发行权消灭,他人向公众再出售或赠予该特定作品原件或复制件的行为不侵犯发行权,著作权人的发行权权利用尽。

按照著作权的基本原理,展览权作为著作权人的一项专有权利,理应由著作权人专有,无论作品的物质载体处于何人之手。但美术和摄影作品的原件和普通作品的物质载体不太一样。例如,徐悲鸿的画作真品市场价格十分昂贵,而复制品却十分廉价,如果有收藏家购买了徐悲鸿的《八骏图》,收藏家购买真品画作的目的不太可能仅限于个人观赏,如果美术作品作者此时还控制着原件的展览权,阻止收藏家对外展出作品,对收藏家而言往往是不公平的。因此《著作权法》规定美术作品原件的展览权归原件所有权人所有,摄影作品同样适用。

案例

画家张甲与美术爱好者杨乙是挚友,茶余饭后,张甲常乘兴作画相赠。积年累月,杨乙收藏张甲的赠画 60 余幅。2000 年 5 月张甲因病去世,杨乙十分悲痛。2005 年 5 月,时值张甲逝世五周年,为表示对亡友的哀悼之情,杨乙从张甲的生前赠画中精选了 20 幅,以张甲的名义出版发行。

张甲的子女得知后,认为杨乙擅自出版张甲的画作,侵犯了他们及其父的著作权,遂与杨乙进行交涉。杨乙则认为,画既已赠送给自己,自己便取得了所有权,绘画是以张甲的名义发表的,自己没有欺世盗名,不发生侵犯著作权问题。双方相持不下,张甲的子女遂向人民法院提起诉讼。

问题

杨乙的行为是否侵犯了著作权?

参考结论

杨乙的行为侵犯了张甲子女的著作权。理由如下:第一,依据《著作权法》第二十条的规定,美术作品原件所有权的转移,不视为作品著作权的转移,因此,张甲将画赠予杨乙,只是将作品原件所有权转移给杨乙,杨乙只享有对作品原件的展览权,著作权中的其他权利仍由作者或其他著作权人享有;第二,根据《民法典》第一千一百二十二条的规定,张甲合法拥有的著作财产权可以发生继承,因此,著作权中的发行权、获得报酬权等著作财产权在作者死亡后可由作者的合法继承人予以继承。《著作权法实施条例》第十七条规定："作者生前未发表的作品,如果作者未明确表示不发表,作者死亡后五十年内,其发表权可由继承人或者受遗赠人行使;没有继承人又无人受遗赠的,由作品原件的所有人行使。"本案中,张甲去世后,杨乙未经张甲的继承人同意,擅自将张甲的作品出版,侵犯了张甲继承人依法继承的发表权和著作财产权。

九、摄制权

根据《著作权法》的规定,摄制权即以摄制视听作品的方法将作品固定在载体上的权利。根据规定,如果要将他人的作品摄制成电影、电视剧等视听作品,需要经过著作权人同意,否则就构成侵权。

十、改编权

根据《著作权法》的规定,改编权即改变作品,创作出具有独创性的新作品的权利。如果仅是根据原作品的思想创作出新作品并非改编权控制的行为,只有在保留原作品基本表达的基础上对原表达进一步发展,使新表达和原表达相融合而形成新作品的行为才是《著作权法》意义上的改编行为。例如,在2018 年的《中国好声音》综艺节目中,谢霆锋对于周杰伦的歌曲《威廉古堡》的改编就成了节目一大亮点,谢霆锋为这首歌加入巴赫、莫扎特、贝多芬的古典音乐,又融合了摇滚的元素,将这首歌改编成一首新颖动听的古典金属风格歌曲《尼古拉斯狂想曲》。谢霆锋改编的方式专业又不失新意,旋律印刻在观众的脑海中,令人记忆犹新。

我国《著作权法》赋予了作者控制改编行为的权利,但如果他人改编了作品但并没有公之于众,著作权人是无法阻止他人基于个人兴趣进行改编的,这种行为可以构成个人学习、研究的合理使用,如画家在家中将电影《少年的你》改编成连环画。

《计算机软件保护条例》第八条第三款规定:"修改权,即对软件进行增补、删节 , 或者改变指令、语句顺序的权利。"需要注意的是,《计算机软件保护条例》虽然规定的是修改权,但不同于《著作权法》的修改权。《著作权法》的修改权是一种著作人身权,属于精神权利,而计算机软件的本质是一种实用性工具,不体现软件开发者的人格和精神,是一种著作财产权,类似于《著作权法》的改编权。

案例

歌曲《牡丹之歌》创作于 1980 年,由乔羽作词,吕远、唐诃作曲,蒋大为演唱,是电影《红牡丹》的主题曲。2018 年 4 月 5 日,乔羽出具授权书,将音乐作品《牡丹之歌》的著作权之财产权利以独占排他的方式授权给乔方。2018 年 4 月 8 日,乔方出具授权书,将音乐作品《牡丹之歌》的改编权、信息网络传播权、表演权、复制权以独占排他的方式授权给众得公司。2018 年 10 月 20 日,乔羽再次出具授权书,将其作为《牡丹之歌》合作作者享有的著作权共有权之财产权利以独占排他的方式授权给乔方。

众得公司发现,岳龙刚(艺名岳云鹏)未经授权擅自将《牡丹之歌》的歌词改编后创作成《五环之歌》用于商业演出,并在万达公司、新丽公司、金狐公司拍摄制作的电影《煎饼侠》中作为背景音乐和宣传推广曲 MV 使用,遂以万达公司、新丽公司、金狐公司、岳龙刚侵犯其《牡丹之歌》改编权为由,向天津市滨海新区人民法院(下称滨海法院)提起诉讼,请求法院判令上述四被告停止使用电影《煎饼侠》第 46～51 分钟有关《五环之歌》的背景音乐,停止《五环之歌》宣传 MV 的互联网传播;四被告赔偿其经济损失 100 万元及合理费用 10.25 万元。

滨海法院经审理后认为:歌曲《牡丹之歌》系为电影《红牡丹》而创作的合作作品,合作作者之间理应具有共同创作的意图,且该歌曲的歌词与曲谱在创作方式与表现形式上可予明确区分,合作作者对各自创作的部分可以单独使用,在不损害作品完整性的前提下,曲作者唐诃、吕远就该歌曲的曲谱享有著作权,词作者乔羽就歌词部分亦享有著作权。从两者的作品名称看,仅后半部分"之歌"二字相同,但"x 之歌"本身系对歌曲这种作品形式的一种惯常表达,而歌名中反映歌曲核心内容的主题部分显然不同。从两者的内容和主题看,两首歌歌词的核心内容和表达主题并不相同。从两者的具体表达方式看,两首歌对应部分的歌词中仅有"啊"字这一不具有独创性的语气助词相同,除此之外,《五环之歌》的歌词中并未使用或借鉴《牡丹之歌》歌词中具有独创性特征的基本表达,且为配合歌曲的整体风格,《五环之歌》的歌词中还加入了说唱元素,故《五环之歌》的歌词已脱离歌曲《牡丹之歌》的歌词,形成了独立的一种新的表达。最后,从整体上看,两首歌曲的创作背景及歌词部分所体现的风格与表达的情感也存在差异。综上，即便《五环之歌》的灵感和素材来源于《牡丹之歌》，并使用了与歌曲《牡丹之歌》中对应部分的曲谱，容易使人在听到这首歌时联想到《牡丹之歌》，但该案并不涉及对《牡丹之歌》曲谱使用行为的认定，仅就歌词部分而言，《五环之歌》的歌词不构成对歌曲《牡丹之歌》歌词的改编，故未侵犯众得公司对歌曲《牡丹之歌》词作品享有的改编权。据此，判决驳回众得公司的诉讼请求。

众得公司不服一审判决，上诉至天津三中院。天津三中院经审理后认为：《牡丹之歌》是词、曲作者共同创作的合作作品，其著作权归属词作者乔羽及曲作者吕远、唐诃共同享有。在没有特别约定的情况下，该合作作品的著作权应由合作作者共同行使，各个合作作者不能单独行使合作作品的著作权。该案中，乔羽授权乔方、乔方再授权众得公司的授权书均载明，乔羽将包括涉案音乐作品《牡丹之歌》（合作作品）著作权共有权之财产权利之改编权、信息网络传播权、表演权、复制权以独占排他的方式不可撤销地授予被授权人。可见，众得公司作为被授权人，对于音乐作品《牡丹之歌》著作权属于合作作者共有，词作者乔羽仅为著作权共有人之一应属明知，故众得公司不享有音乐作品《牡丹之歌》改编权。此外，《五环之歌》与《牡丹之歌》的歌词作品从立意到内容均不相同，《五环之歌》歌词构成了全新的作品。因此，《五环之歌》没有利用《牡丹之歌》歌词的主题、独创性表达等基本内容，不构成对《牡丹之歌》歌词的改编，四被上诉人未侵犯《牡丹之歌》歌词的改编权。综上，众得公司的上诉请求不能成立，应予驳回。据此，天津三中院判决维持一审原判。

十一、翻译权

根据《著作权法》的规定，翻译权即将作品从一种语言文字转换成另一种语言文字的权利。在经济全球化的今天，翻译权已经逐渐成为国际著作权保护最重要的权利之一，它可以使作者在其他国家因作品的翻译行为而获得相应的经济收益。

需要注意的是，并非所有改变作品语言表达方式的行为都是《著作权法》意义上的翻译行为，如将钱钟书先生的小说《围城》改成盲文版供盲人阅读就并非翻译行为。因为汉语文字与盲文字符存在着严格的一一对应关系，任何一个既懂汉语又懂盲文的人都可以根据通用的盲文对照表进行转换，最终得到的盲文字符都是一样的。这种情况下,个人的智力活动很明显受到限制,因为缺少独创性,该行为不属于翻译行为。

十二、汇编权

根据《著作权法》的规定,汇编权即将作品或者作品的片段通过选择或者编排,汇集成新作品的权利。根据定义,要构成汇编作品,需要在选择或编排作品时满足独创性的要求。例如,某出版社精选出张爱玲的 10 篇小说,编成《张爱玲精选小说集》,该书为汇编作品,因为出版社的编辑在选择小说时体现了与众不同的理解和判断,具有智力创造性。如果出版社的编辑在选择小说是仅是按照小说发表的先后顺序进行编排,按时间排序是一种最为传统和常见的方法,难以体现出编辑的智力创造性,那该书就不是汇编作品。

第四章
著作权的主体

第一节　著作权人

　　著作权的主体为著作权人,是指对作品享有著作权的人。著作权人既可以许可他人以特定的方式使用作品,也可以在权利受损时以自己的名义积极维权。要想成为著作权人有两种途径,一种是成为著作权的原始主体,一种是成为著作权的继受主体。

　　著作权的原始主体是指在作品创作完成之时就取得了著作权的人。作者作为作品的创作人当然可以成为著作权的原始主体,除作者之外的其他人如果根据法律的特殊规定或合同的约定也可以成为著作权的原始主体。例如,根据《著作权法》的规定,受委托创作的作品,如果委托人和受托人事先通过合同约定著作权归于委托人,作品创作完成时,委托人就成了著作权的原始主体。

　　著作权的继受主体是指通过转让、继承、受赠或其他法定方式从著作权原始主体手中取得著作权的人。例如,如果莫言将其小说《红高粱》的著作财产权转让给某影视公司,那该影视公司就成为该小说著作财产权的继受主体。需要注意的是,根据《著作权法》的规定,继受取得著作权的人无法享有完整的著作权,原因在于著作人身权是不能转让的。根据《著作权法实施条例》第十五条的规定,对于发表权以外的其他著作人身权,作者的继承人或受遗赠人可以保护,但不能继承。

　　著作权人可以与他人签订著作权许可合同,著作权许可合同包括专有使用权许可合同以及非专有使用权许可合同。非专有使用权许可合同的被许可人不能禁止他人以相同的方式使用作品,但专有使用权许可合同的被许可人却可以。根据《著作权法实施条例》第二十四条规定,对于专有使用权许可合同内容由合同约定,合同没有约定或者约定不明的,视为被许可人有权排除包括著作权人在内的任何人以同样的方式使用作品。因此,当著作权受到侵害时,专有被许可人可以以自己的名义禁止他人以相同的方式使用该作品。这意味着专有被许可人在一定程度上十分接近著作权人的地位。

第二节　作者及著作权的产生时间

一、自然人作者

《著作权法》第十一条第二款规定:"创作作品的自然人是作者。"除了法律的特别规定以及合同的特别约定,创作作品的自然人就是作者。《著作权法实施条例》第三条规定:"著作权法所称创作,是指直接产生文学、艺术和科学作品的智力活动。"因此,只有在实际中从事了作品创作的自然人才是作者,没有实际参与创作,只是为他人创作进行组织工作,提供咨询意见、物质条件或进行其他辅助工作,均不视为作者。著作权不保护思想,无论思想和创意多有价值都不受保护,因此提供思想和创意的人不是作者。如当高校本科生大四时,会进行毕业论文的写作,通常每个学生都会配备一名指导老师来进行毕业论文的撰写辅导,指导老师会为学生理清论文撰写的思路,确定好论文撰写的方向和文章的框架结构,这对学生毕业论文的撰写起着十分重要的作用,但指导老师并不是论文的作者。

案例

1981 年夏,著名雕塑家叶某受 A 单位委托,创作设计《歌乐山烈士群雕》(以下简称《群雕》)。A 单位为修建群雕,成立了群雕制作工程办公室,刘某以办公室工作人员的身份参与到《群雕》制作过程中,叶某先后完成了《群雕》的初稿、二稿并就创作的主题思想、构思主题、创作过程向 A 单位做了说明。接着,叶某与刘某一起按稿指导木工制作了放大骨架,即定稿。叶某在此阶段经常到现场指导和参与刻画修改,并对有关方面提出的合理化建议予以采纳。对刘某通过口头或实际刻画提出的一些建议,叶某认为符合自己创作意图和表现手法的,亦予采纳。1984 年,A 单位选送以叶某个人署名的《歌乐山烈士群雕》参加全国首届城市雕塑设计方案展览会,并获纪念铜牌。刘某认为《群雕》是共同创作的,叶某单独署名侵犯其著作权,遂向重庆市中级人民法院起诉。

重庆市中级人民法院经审理后认为:刘某在《群雕》制作过程中提过一些建议,按叶某的创作稿做过一些具体工作,不能因此认定为《群雕》的共同创作人。刘某不服一审判决,又上诉至四川省高级人民法院。四川省高级人民法院认为:叶某独立创作完成《群雕》的初稿,该作品著作权为叶某享有。《群雕》放大稿是在叶某亲自参加和指导下完成的,刘某参与了放大制作,做了一些工作,通过口头或实际刻画提出的一些建议,但最终是否采纳取决于叶某。《群雕》放大稿与初稿相比较,在主题思想、整体结构、基本形态、表现手法等方面是一致的,没有实质改变。因此,刘某认为实际参与制作的放大稿较初稿有变化,从而应享有著作权的主张不成立。

二、视为作者的法人或者非法人组织

《著作权法》不仅规定了自然人作者,法人或者非法人组织也可以成为作者。《著作权法》第十一条第三款规定:"由法人或者非法人组织主持,代表法人或者非法人组织意志创作,并由法人或者非法人组织承担责任的作品,法人或者非法人组织视为作者。"法人作品由单位主持创作,应是由代表单位的人员负责组织该项创作,从创作的提出、立意、人员、日程的安排、物质技术条件的提供、创作的进程、完成等各个方面都由单位负责主持,而并非只是简单地提出任务、布置工作。所谓代表单位的意志,是指创作思想及表达方式均须代表、体现单位的意志。如果某一作品完全或者主要地体现了单位的意志,个人创作者自由思维的空间不大,可认定为代表了单位的意志。单位仅仅提出创作作品的任务本身以及创作者个人根据单位提出的原则性要求去创作,都不能认为是体现了单位的意志。作品产生的责任由单位承担,是指作品产生的责任必须也只能由单位承担,个人实际上承担不了作品产生的责任。通过这种方式创作的作品又称为法人作品,法人或者非法人组织被视为作者后理应享有作品的所有著作权。而真正创作作品的自然人在此种情况下没有任何著作权,包括署名权。

例如,单位的年终总结报告等公文类作品,重大的政治题材的作品、重大的宗教题材的作品,在单位的主持下创作的,体现了法人或者非法人组织的意志,而不是具体撰写的自然人的意志,由法人或者非法人组织享有所有著作权并对外承担责任。

案例

2020 年 1 月,广东省深圳市南山区人民法院一审审结原告深圳市腾讯计算机系统有限公司(以下简称"腾讯公司")诉被告上海盈某科技有限公司(以下简称"盈某科技")侵害著作权及不正当竞争纠纷一案,认定人工智能生成的文章构成作品。此案系全国首例认定人工智能生成的文章构成作品案件。

Dreamwriter 计算机软件系由腾讯公司关联企业自主开发并授权其使用的一套基于数据和算法的智能写作辅助系统。自 2015 年以来,腾讯公司主持创作人员使用 Dreamwriter 软件每年可以完成大约 30 万篇作品。

2018 年 8 月 20 日,腾讯公司在腾讯证券网站上首次发表了标题为《午评:沪指小幅上涨 0.11% 报 2671.93 点通信运营、石油开采等板块领涨》的财经报道文章(以下简称"涉案文章"),末尾注明"本文由腾讯机器人 Dreamwriter 自动撰写"。同日,盈某科技在其运营的"某贷之家"网站发布了标题为《午评:沪指小幅上涨 0.11% 报 2671.93 点通信运营、石油开采等板块领涨》的文章。经比对,该文章与涉案文章的标题和内容完全一致。

腾讯公司遂将盈某科技诉至南山区法院,并诉称:涉案文章是由其组织的包含编辑团队、产品团队和技术开发团队在内的主创团队利用 Dreamwriter 软件,在大量采集并分析股市财经类文章的文字结构、不同类型股民读者的需求的基础上,根据其独特的表达意愿形成文章结构,并利用其收集的股市历史数据和实时收集的当日上午的股市数据,于 2018 年 8 月 20 日 11 时 32 分(即股市结束的 2 分钟内)完成写作并发表。涉案文章的生成过程主要经历数据服务、触发和写作、智能校验、智能分发 4 个环节。

腾讯公司认为,涉案文章作品的著作权应归其所有,盈某科技的行为侵犯了其的信息网络传播权并构成不正当竞争。故起诉要求被告立即停止侵权、消除影响并赔偿损失。

南山区法院审理后认为:涉案文章是否构成文字作品的关键在于判断涉案文章是否具有独创性,而判断步骤应当分为两步。首先,应当从是否独立创作及外在表现上是否与已有作品存在一定程度的差异,或具备最低程度的创造性进行分析判断；其次，应当从涉案文章的生成过程来分析是否体现了创作者的个性化选择、判断及技巧等因素。在具体认定相关人员的行为是否属于著作权法意义上的创作行为时，应当考虑该行为是否属于一种智力活动以及该行为与作品的特定表现形式之间是否具有直接的联系。涉案文章由原告腾讯公司主创团队人员运用 Dreamwriter 软件生成，其外在表现符合文字作品的形式要求，其表现的内容体现出对当日上午相关股市信息、数据的选择、分析、判断，文章结构合理、表达逻辑清晰，具有一定的独创性。从涉案文章的生成过程来分析，该文章的表现形式是由原告腾讯公司主创团队相关人员个性化的安排与选择所决定的，其表现形式并非唯一，具有一定的独创性。涉案文章的创作过程与普通文字作品创作过程的不同之处，在于创作者收集素材、决定表达的主题、写作的风格以及具体的语句形式的行为，也即原告腾讯公司主创团队为涉案文章生成做出的相关选择与安排，和涉案文章的实际撰写之间存在一定时间上的间隔。涉案文章这种缺乏同步性的特点，是由技术路径或原告所使用的工具本身所具备的特性所决定的。本案中原告腾讯公司主创团队在数据输入、触发条件设定、模板和语言风格的取舍上的安排与选择，属于与涉案文章的特定表现形式之间具有直接联系的智力活动。原告腾讯公司主创团队相关人员的上述选择与安排，符合著作权法关于创作的要求，应当将其纳入涉案文章的创作过程。综上，从涉案文章的外在表现形式与生成过程来分析，该文章的特定表现形式及其源于创作者个性化的选择与安排，并由 Dreamwriter 软件在技术上"生成"的创作过程，均满足著作权法对文字作品的保护条件，法院认定涉案文章属于我国著作权法所保护的文字作品。法院同时认为，涉案文章是由原告腾讯公司主持的多团队、多人分工形成的整体智力创作完成的作品，整体体现原告腾讯公司对于发布股评综述类文章的需求和意图，是原告腾讯公司主持创作的法人作品。

三、《著作权法》规定的著作权产生时间

《著作权法》第二条规定："中国公民、法人或者非法人组织的作品，不论是否发表，依照本法享有著作权。"《作品自愿登记试行办法》第二条规定："作品实行自愿登记。作品不论是否登记，作者或其他著作权人依法取得的著作权不受影响。"根据法律规定，我国著作权采取自动取得制度，只要作品创作完

成,著作权就会自动产生。与此同时,我国实行作品自愿登记制度,著作权登记证书只是能够证明取得作品著作权的一个初步证明,是否登记不影响著作权的取得。

需要注意的是,作品的创作完成并不是指作品内容的全部完成。即使作品没有全部完成,只要完成的部分满足了独创性的要求,该部分就受到《著作权法》的保护。例如,很多小说是通过网站、报纸连载的方式出现在公众的面前,作者往往是边写边连载,每次连载的章节可能只是整部作品的一小部分,但只要连载章节包含了具体的故事人物、情节、环境等核心内容,满足了独创性的要求,就受到著作权法的保护。

第三节　特殊作品的著作权归属

一、职务作品的著作权归属

(一) 职务作品的含义

《著作权法》第十八条第一款规定:"自然人为完成法人或者非法人组织工作任务所创作的作品是职务作品。"根据法律规定,要构成职务作品需要满足两个条件:第一,创作作品的自然人必须是法人或者非法人组织的员工,具有某种意义上的劳动或雇佣关系,如正式员工、临时工、实习生等;第二,作品是为了完成单位布置的工作任务而创作。什么是单位工作任务,国家版权局版权管理司曾在答复法院的咨询时指出:"所谓单位工作任务,指职工根据单位下达的书面或者口头指示创作与本单位工作业务范围有关的作品。也就是说,单位工作任务又可分为两部分:第一,创作的作品必须与单位的业务范围有关;第二,单位应当有明确的工作指示,至少有口头指示。尽管职务作品通常同本单位的工作业务范围有关,但是,并非凡是与本单位工作业务范围有关的都是职务作品。不是为履行单位工作任务创作的作品,即使其内容与单位的工作业务范围有关,也不是职务作品。因此,在认定职务作品时,有关职务作品的要件以及关于单位工作任务的两个部分缺一不可,否则,不能视为职务作品。"例如,某医院的外科大夫根据自己 20 年的临床经验,撰写了《临床外科学》,虽然该外科大夫利用了单位的平台,撰写的书籍与单位业务相关,但撰写该作品并非单位委派的工作任务,因此不属于职务作品。

(二) 一般职务作品的著作权归属

《著作权法》将职务作品分为一般职务作品和特殊职务作品,并分别规定了著作权归属。

一般职务作品是为了履行单位工作任务而创作的作品,但不需要单位为此进行专门投资,提供特定的物质技术条件。根据《著作权法》第十八条第一款的规定,一般职务作品的著作权由作者享有,但法人或者非法人组织有权在其业务范围内优先使用。作品完成两年内,未经单位同意,作者不得许可第三人以与单位使用的相同方式使用该作品。

案例

1990年1月,高丽娅调入某小学从事教学工作。从1990年至2002年,按学校要求,高丽娅每学期都要编写和上交教案,先后上交教案48册。后高丽娅提出返还教案,但学校只归还了4册,余下44册下落不明。2002年5月,高丽娅向法院起诉,要求学校返还教案本并赔偿经济损失,被法院驳回。高丽娅接着提出上诉,二审维持了原判。后检察院提起抗诉,再审仍维持了二审判决。高丽娅认为学校的行为严重侵犯了自己对教案的著作权,故申请再审,要求确认学校侵权,并赔偿经济损失6000元。而学校认为,教案属职务作品,所有权应归学校,学校对其处分不构成侵权。而且学校曾通知高丽娅取回,但其一直没有取,学校也已尽到了通知义务。因此,法院应驳回原告的诉讼请求。

法院经审理后认为:本案中的教案是原告为完成教学工作任务而编写的,应当属于职务作品。但是,教案编写并不是主要依靠学校的物质技术条件完成的,也不是由学校来承担法律责任的。依照《著作权法》之规定,教案作品的著作权应归原告所有。本案中,教案本作为作品的唯一载体,被学校私自处理后,作品本身的著作权已经无法实现。因此,学校的行为已经侵犯了原告高丽娅的著作权,应承担相应的责任。据此,法院判定:学校的行为侵犯了高丽娅的著作权,应赔偿原告经济损失5000元。

案例分析

本案是全国首例教案纠纷案。教案是教师为教学任务而创作的作品,其性质应认定为一般职务作品。根据法律规定,一般职务作品的著作权由作者享有,学校有权在其业务范围内优先使用。本案中教案属于一般职务作品，并非依靠学校物质条件完成的，也未与学校约定著作权的归属，因此其著作权应该由教案作者享有，学校不得侵犯。教案虽然看起来并不显眼，甚至普通，但只要是凝结着人们的独创性智力活动，《著作权法》就会给予保护。

（三）特殊职务作品的著作权归属

《著作权法》第十八条第一款规定："有下列情形之一的职务作品，作者享有署名权，著作权的其他权利由法人或者非法人组织享有，法人或者非法人组织可以给予作者奖励：① 主要是利用法人或者非法人组织的物质技术条件创作，并由法人或者非法人组织承担责任的工程设计图、产品设计图、地图、示意图、计算机软件等职务作品；② 报社、期刊社、通讯社、广播电台、电视台的工作人员创作的职务作品；③ 法律、行政法规规定或者合同约定著作权由法人或者非法人组织享有的职务作品。"《著作权法》规定了三类特殊职务作品。对于这三类特殊职务作品，根据《著作权法》的规定，法人或者非法人组织（单位）享有除署名权外的其他著作权，而作者（员工）仅保留署名权。

根据规定，第一类特殊职务作品是主要是利用法人或者非法人组织的物质技术条件创作，并由法人或者非法人组织承担责任的工程设计图、产品设计图、地图、示意图、计算机软件等职务作品。主要利用单位提供的物质技术条件并非仅指利用了单位提供的专有条件，还突出强调作者利用单位提供的物质技术条件与作品的创作直接相关联且这种物质技术条件不是能轻易获取的，这就排除了单位提供的用于创作的普通设备和条件。例如，在单位进行作品创作时，可能会用到单位提供的办公室、电脑、水电等基础设施，获取这些办公条件并不难，换别的单位也能实现，并不能以此为依据认定为特殊职务作品。在高丽娅著作权纠纷案中，教案的范本虽是由学校提供的，但并不能因此而认定特殊职务作品。第一类特殊职务作品有一个共有特点是仅凭个人的力量是很难单独完成的，不适宜个人对外承担责任，需要借助单位提供的物质技术条件。例如，网易公司在2016年自主研发了的一款3D唯美和风手游《阴阳师》，网易公司为此成立9人的创作团队，历时20个月才研发成功，网易公司将《阴阳师》小说中唤作"鬼切"的利刃通过艺术加工创作成为新式神加入《阴阳师》手游中，网易公司为创作"鬼切"形象并为之宣传投入了超过400万元的成本。

根据规定，第二类特殊职务作品是报社、期刊社、通讯社、广播电台、电视台的工作人员创作的职务作品。立法者将报社、期刊社、通讯社、广播电台、电视台的工作人员创作的职务作品规定为特殊职务作品,是为了方便这些单位对此类职务作品的后续利用和维权。单位在使用这类作品时,无须经作者的同意,也不会因作者的离职而产生影响。

根据规定,第三类特殊职务作品是法律、行政法规规定或者合同约定著作权由法人或者非法人组织享有的职务作品。到目前为止,尚且没有其他法律规定新的特殊职务作品,只有一部行政法规《地方志工作条例》将"以县级以上行政区域名称冠名的地方志书、地方综合年鉴"规定为特殊职务作品。《著作权法》还允许单位与作者通过合同约定的方式将职务作品约定为特殊职务作品,但有个前提就是该作品必须是职务作品,如果该作品都不属于职务作品,意味着单位都没有任何物质技术条件的投入,法律不允许单位在没有任何投入的情况下仅凭事先约定就取得著作权。

案例

1985 年底,上海美术电影制片厂成立《七兄弟》影片摄制组,指派胡某、吴某担任造型设计。两原告绘制了"葫芦娃"角色造型稿,该美术造型经全厂征集评选于 1985 年年底被被告全部采用,并运用于影片之中,胡某、吴某先后绘制《葫芦兄弟》《葫芦小金刚》的分镜头台本,分镜头台本中的"葫芦娃"角色造型与影片中的"葫芦娃"外形基本一致。动画电影中显示的美术设计署名为胡某和吴某。《葫芦兄弟》动画片在拍摄时,创作办公室主任曾明确要求创作人员不得在影片拍摄期间将连环画对外投稿,但制片完成之后是否投稿,则厂方不干涉。2010 年,胡某、吴某(以下简称"原告")与上海美术电影制片厂(以下简称"被告")围绕"葫芦娃"美术作品的著作权发生纠纷。

原告认为虽然"葫芦娃"角色造型美术作品的最终定稿系被告决定,但其创作却是两原告主动而为,应属于职务作品,而非法人作品。故主张《葫芦兄弟》及其续集《葫芦小金刚》系列剪纸动画电影中"葫芦娃"(即葫芦兄弟和金刚葫芦娃)角色形象造型原创美术作品的著作权归原告。

被告认为系争角色造型是由两原告等人绘制草稿张贴于摄制组内,经组内人员集体讨论修改,并经美影厂创作办公室、艺术委员会反复讨论提出修改意见不断完善,最终由美影厂艺术委员会审定。被告并不否认两原告对系争角色造型所做贡献,但作品的创作系在被告领导下,体现法人意志,并由法人承担责任,系法人作品。署名为两原告,是因为成立摄制组时确定的工作岗位是由两原告负责造型设计,并由两原告具体执笔。

法院经审理后认为:结合特定历史背景,"葫芦娃"角色造型属于《著作权法》规定的"特殊职务作品"。"葫芦娃"角色造型的创作,虽然无须高度借助单位的物质技术条件,双方也未就系争作品的著作权归属签订书面合同,但是这是特定历史条件下的行为。故应深入探究当事人行为时所采取的具体形式,及其真实意思表示,在此基础上才能正确判断系争职务作品著作权的归属。创作当时,社会公众也缺乏著作权保护的法律意识,谈论权利问题是"很不光彩的事情"。这说明,针对动画电影的整个创作而言,完成工作任务所创作的成果归属于单位,是符合当时人们的普遍认知的。同时基于在动画片拍摄过程中,时任被告创作办公室主任曾明确要求创作人员不得对外投稿,而作为创作人员的原告并未对此提出异议。从诚信的角度出发,原告不得在事后做出相反的意思表示,主张系争角色造型美术作品的著作权。故法院认为,上述足以确认原告是为完成单位的工作任务所创作的葫芦娃造型,并且根据创作当时的时代背景、历史条件和双方当事人的上述行为,该作品属于特殊职务作品。原告仅享有署名权,被告享有除此之外的其他著作权。"葫芦娃"角色造型并不是由被告主持,代表其意志而创作的,故不属于法人作品。我们不能将法人意志简单等同于单位指派工作任务、就创作提出原则性要求或提出修改完善意见,否则所有的职务作品均可被视为法人作品,作为自然人的创作者将丧失作者地位。在《葫芦兄弟》动画片正式立项以前,胡某已独立创作了"葫芦娃"造型初稿,经吴某补充修改,再报美影厂相关部门审核。角色的创作无须高度借助单位的物质技术条件,创作过程也并不反映单位的意志,而是反映了作者独特的思想、感情、意志和人格。无论是"葫芦娃"角色造型的线条、轮廓还是服饰等的选择都体现了作者个人的构思、选择和表达。虽然,被告美影厂主张摄制组其他成员和被告的部门负责人曾提出过修改意见,但与原作相比并无实质性差别,不构成新的作品,这并不影响对"葫芦娃"角色造型做出实质性贡献的仍然是作者个人。从片尾的署名来看,也已将原告进行署名。

二、委托作品的著作权归属

委托作品是指受托人根据委托人的委托而创作的作品。《著作权法》第十九条规定:"受委托创作的作品,著作权的归属由委托人和受托人通过合同约定。合同未做明确约定或者没有订立合同的,著作权属于受托人。"根据《最高人民法院关于审理著作权民事纠纷案件适用法律若干问题的解释》的相关规定,如果委托作品著作权属于受托人,委托人在合同约定的使用范围内享有使用作品的权利,如果双方没有约定使用作品范围的,委托人可以在委托创作的特定目的范围内免费使用该作品。例如,甲公司委托某广告公司设计一个宣传公司产品的 30 秒视频广告,如果双方未就该广告的著作权归属以及使用范围进行约定,那著作权归广告公司,广告公司无须经甲公司的许可对外使用该广告。委托作品与职务作品的区别在于委托人和受托人之间是否存在劳动或雇佣关系。

需要注意的是,《最高人民法院关于审理著作权民事纠纷案件适用法律若干问题的解释》又规定了两种特殊情形。第十三条规定:"除著作权法第十一条第三款规定的情形外,由他人执笔,本人审阅定稿并以本人名义发表的报告、讲话等作品,著作权归报告人或者讲话人享有。著作权人可以支付执笔人适当的报酬。"第十四条规定:"当事人合意以特定人物经历为题材完成的自传体作品,当事人对著作权权属有约定的,依其约定;没有约定的,著作权归该特定人物享有,执笔人或整理人对作品完成付出劳动的,著作权人可以向其支付适当的报酬。"

案例

《我的前半生》最初是中国末代皇帝溥仪在东北抚顺战乱管理所服刑期间,由本人口述、其弟溥杰代笔的一份自传体悔罪材料(又称"灰皮书")。1960年后,中央指示公安部对其修改整理,公安部将任务委派给群众出版社。经过共同商议,决定由群众出版社的李文达协助溥仪完成传记。1960 年 4 月至 5 月,溥仪口述,李文达执笔记录,整理出 16 章 24 万字修改稿,期间李文达还曾远赴东北收集史料。1964 年 3 月,以爱新觉罗·溥仪署名的《我的前半生》正式出版。

争端起源于 1984 年中意合拍的电影《末代皇帝》。意方提出需有《我的前半生》著作权享有者的同意并授权才能签约。此时溥仪已经逝世,由遗孀李淑贤继承著作权,由于报酬分配问题,李淑贤拒绝授权。随后李文达以作者身份与意方签订合约,李淑贤得知后将其告上法庭。

1995 年 1 月 26 日,北京市中级人民法院经审理后认为:溥仪是《我的前半生》一书的作者,并享有该书的著作权。李文达在该书的成书过程中付出了辛勤的劳动,但是与溥仪之间不存在共同创作该书的合作关系。在本案的特殊情况中,虽然存在李文达第二方的参与,但是《我的前半生》仍然是自传体作品。原因在于,其以第一人称的自传体形式叙述了溥仪的前半生经历,体现的是溥仪的个人意志。李文达尽管有主观性创作,但均要符合溥仪本人意愿,发挥空间不大。因为李文达并非直接侵权,所以驳回李淑贤要求李文达赔礼道歉的诉讼。李淑贤服从一审判决,但李文达的法定继承人不服从一审判决,再次上诉。1996 年 6 月,北京市高级人民法院驳回李文达方的上诉,维持原判。

三、合作作品的著作权归属

合作作品是指两个以上作者经过共同的创作而完成的作品。要构成合作作品需要满足两个要素。第一,需要具有共同创作的合意,即每个人都应当认识到自己在和他人共同创作一部作品。例如,一部教材由一人主编,由几个人分章节进行编写就是典型的合作作品。像文学巨著《红楼梦》就不是合作作品,因为曹雪芹和高鹗之间没有创作的合意,高鹗在曹雪芹去世后,续写了后四十回。再比如诗人甲创作了一首短诗,发表之后,某影视公司经过甲的许可后,为短诗配上乐曲,制作成电影《我和大海有个约会》的主题歌,该主题歌不是合作作品,因为甲在创作短诗时没有将其与乐曲相结合的意图。第二,合作作者均参与了共同的创作活动。没有参加创作,仅为他人创作提供咨询意见、物质条件、素材或其他辅助工作的人不能成为合作作者。

《著作权法》第十四条规定:"合作作品的著作权由合作作者通过协商一致行使;不能协商一致,又无正当理由的,任何一方不得阻止他方行使除转让、许可他人专有使用、出质以外的其他权利,但是所得收益应当合理分配给所有合作作者。合作作品可以分割使用的,作者对各自创作的部分可以单独享有著作权,但行使著作权时不得侵犯合作作品整体的著作权。"

对于不能分割使用的合作作品,为什么转让、许可他人专有使用、出质这三种情况需要所有合作作者的一致同意呢?这是因为立法者认为对作品做出权利变动的处分行为时,会触动所有合作作者的重大利益,需要经过全体合作作者的一致同意。出质有可能会引发权利的变动,如著作权人甲为担保债务而以自己的著作财产权出质,若著作权人甲不能偿还到期债务时,债权人就有权将该著作财产权优先受偿,此时著作财产权的权利会发生变动。而许可他人专有使用的法律后果类似于发生权利变动,许可他人专有使用意味着专有被许可人能够禁止包括著作权人在内的其他人以同样的方式使用作品,专有被许可人还能以自己的名义向法院提起侵权之诉,因此,许可他人专有使用在一定程度上具有财产权排他效力。

需要注意的是,《著作权法》第十四条规定:"合作作者之一死亡后,其对合作作品享有的著作权财产权无人继承又无人受遗赠的,由其他合作作者享有。"该规定与《民法典》继承编的规定不同,《民法典》第一千一百六十条规定:"无人继承又无人受遗赠的遗产,归国家所有,用于公益事业;死者生前是集体所有制组织成员的,归所在集体所有制组织所有。"

四、演绎作品的著作权归属

演绎作品又称派生作品,是指在保留原作品基本表达的基础上,对原作品进行再加工创作,将新的表达形式与原表达融合而成的新作品。《著作权法》第十三条规定:"改编、翻译、注释、整理已有作品而产生的作品,其著作权由改编、翻译、注释、整理人享有,但行使著作权时不得侵犯原作品的著作权。"《著作权法》第十六条规定:"使用改编、翻译、注释、整理、汇编已有作品而产生的作品进行出版、演出和制作录音录像制品,应当取得该作品的著作权人和原作品的著作权人许可,并支付报酬。"

第三人使用演绎作品需要原作品和演绎作品著作权人的双重许可,原因在于演绎作品虽然是演绎者的智力创作成果,但演绎者并没有改变原有作品的基本表达。因此在一部演绎作品中,本质上包含两个作品,一个是原有作品,一个是派生作品,因此一部演绎作品中实质上有两个著作权。当然,如果原作品的著作财产权已经超过保护期,那演绎者进行再创作时无须经过原作品权利人的同意,第三人使用演绎作品也无须原作品权利人的许可,但不能侵犯原作品权利人的署名权、修改权和保护作品完整权。在实务中,演绎者取得原作品权利人的授权时,往往会同时约定以特定的方式取得对演绎作品后续使用的权利。例如,翻译者以取得授权的方式获得翻译权利之外,还会一并约定取得翻译作品出版、发行的权利,翻译者在完成作品翻译后就可以许可出版社对翻译作品进行出版发行了。

案例

在网络红极一时的小说《鬼吹灯》,引起了上海游趣网络科技有限公司(简称游趣公司)的兴趣。为了将小说改为网游,该公司与上海城漫漫画有限公司(简称城漫公司)签下了著作权许可使用合同。2007年8月,游趣公司与城漫公司约定,由城漫公司授权游趣公司改编《鬼吹灯》进行独家网络游戏产品开发及运营。为此,游趣公司依约向城漫公司支付了版权开发费200万元。不料,游趣公司组织团队开发网络游戏《鬼吹灯》后,盛大集团旗下玄霆公司、麦石公司以两公司拥有《鬼吹灯》作品版权及网络游戏的改编权为由诉至法院,请求判令游趣公司停止侵权、赔礼道歉、赔偿损失。经法院调解,游趣公司最终不得不支付巨额赔款。游趣公司认为,城漫公司在没有《鬼吹灯》作品著作权的前提下,无权授权游趣公司将《鬼吹灯》作品改编成网络游戏,由于城漫公司虚假授权,导致游趣公司产生了巨大的经济损失,因此向法院提起诉讼。2018年9月,游趣公司向上海市第二中级人民法院递出起诉状,要求解除双方的合约,要求城漫公司返还版权开发费用人民币200万元并赔偿游趣公司经济损失人民币500万元。

上海市二中院审理后认为:根据游趣公司与城漫公司签订的《合约书》和《补充协议》显示,城漫公司合同义务是将其拥有著作权的《鬼吹灯》漫画中的形象(包括人物形象、场景设定等)授权游趣公司用于开发《鬼吹灯》网络游戏等,双方并未约定对于取得《鬼吹灯》小说著作权人的改编授权的相关内容。此外,从合同价款角度也无法得出在城漫公司合同义务中具有小说著作权人改编权授权的内容。鉴于《鬼吹灯》小说作品具有较高的知名度,游趣公司作为网络游戏的开发者应该知道,城漫公司仅是《鬼吹灯》漫画的著作权人而不是《鬼吹灯》小说的著作权人。游趣公司认为城漫公司重大违约,缺乏事实依据。据此,上海市二中院判决驳回了游趣公司的诉讼请求。

五、汇编作品的著作权归属

《著作权法》第十五条规定:"汇编若干作品、作品的片段或者不构成作品的数据或者其他材料,对其内容的选择或者编排体现独创性的作品,为汇编作品,其著作权由汇编人享有,但行使著作权时,不得侵犯原作品的著作权。"

《著作权法》第十六条规定:"使用改编、翻译、注释、整理、汇编已有作品而产生的作品进行出版、演出和制作录音录像制品,应当取得该作品的著作权人和原作品的著作权人许可并支付报酬。"

因此,对有著作权的作品进行汇编,要受到著作权人汇编权的制约,汇编他人的作品须取得著作权人的授权,否则会侵犯他人的著作权。汇编无著作权的作品而形成的汇编作品,汇编人仅就其设计和编排的结构或形式享有著作权。

案例

2004 年,建设部批准《城镇供热管网工程施工及验收规范》为行业标准,编号为 CJJ28-2004,其中第 3.1.3、3.1.9、3.1.13、3.4.3、4.4.4(4)、6.4.5(5)、8.1.8、8.2.6(2)条为强制性条文。由建设部标准定额研究所组织建工出版社出版发行。建工出版社据此出版了《城镇供热管网工程施工及验收规范》单行本。万方公司将建工出版社出版的该标准单行本扫描录入其制作的《中国标准全文数据库》,并提供给北工大、北京交大、同济大学在各自学校局域网内供用户浏览、下载。万方公司未就此征得许可,也未支付费用。2009 年,建工出版社将万方公司、北工大、北京交大、同济大学诉至北京朝阳区人民法院。

法院经审理后认为:国家标准分为强制性标准和推荐性标准。其中,推荐性标准和强制性标准中的推荐性条文,属于自愿采用的技术内容,并不具有法规性质。而且,推荐性标准和强制性标准中的推荐性条文在制定过程中需要付出创造性劳动,具有创造性智力成果的属性。因此,推荐性标准和强制性标准中的推荐性条文符合作品的条件,属于著作权法保护的范围。建工出版社根据建设部和建设部标准定额研究所的授权,对该标准享有专有出版权以及专有的复制、汇编、信息网络传播的权利。本案所涉《城镇供热管网工程施工及验收规范》中只有专门列明的条文是强制性条文,其余条款均是推荐性条文,均属著作权法保护的范围。因此,建工出版社对该标准中的推荐性条文享有的专有著作权权利应当受到法律保护,任何人未经建工出版社许可不得复制、出版、汇编和通过信息网络传播该标准。现万方公司未经许可,也未支付报酬,而将建工出版社出版的该标准扫描录入其制作的《中国标准全文数据库》,侵犯了建工出版社对该标准中的推荐性条文享有的专有的复制、汇编的权利,应当就此承担停止侵权,赔偿损失的责任。考虑到北工大、北京交大和同济大学局域网内的《中国标准全文数据库》中含有涉案侵权标准,故其应当承担停止侵权的责任。

六、视听作品的著作权归属

《著作权法》第十七条规定:"视听作品中的电影作品、电视剧作品的著作权由制作者享有,但编剧、导演、摄影、作词、作曲等作者享有署名权并有权按照与制作者签订的合同获得报酬。前款规定以外的视听作品的著作权归属由当事人约定;没有约定或者约定不明确的,由制作者享有,但作者享有署名权和获得报酬的权利。视听作品中的剧本、音乐等可以单独使用的作品的作者有权单独行使其著作权。"《著作权法》第十七条将视听作品分为电影作品、电视剧作品和其他视听作品。

根据规定,电影、电视剧作品的著作权由制作者享有,制作者是指负责组织视听作品的创作并对其承担责任的个人或实体。电影、电视剧作品的编剧、导演、摄影、作词、作曲等作者有两项权利:第一,署名权;第二,获得报酬权。电影、电视剧作品的主要演员有两项权利:第一,表明表演者身份的权利;第二,获得报酬权。电影、电视剧作品中的音乐、剧本等可以单独使用的作品的作者可以单独使用其著作权。

电影、电视剧作品不同于法人作品。《著作权法》第十二条规定:"在作品上署名的自然人、法人或者非法人组织为作者。"根据规定,署名权是著作人身权,不能转让和继承的,因此只有作者才享有在作品上署名的权利。一旦作品被认定为法人作品,法人或者非法人组织就会被视为作者,而真正进行作品创作的自然人就丧失了作者的法律地位,不能对作品以作者身份进行署名。根据《著作权法》的规定,电影、电视剧作品的编剧、导演、摄影、作词、作曲等作者享有署名权,这就说明编剧、导演、摄影、作词、作曲等人是电影、电视剧作品的作者并且享有署名权,因此电影、电视剧作品不是法人作品。

电影、电视剧作品通常是在原作品(小说、剧本等)的基础上进行演绎改编而成的新作品,实质上包含双重作品,具有双重著作权,是一种特殊的演绎作品,具有特别之处。一方面,电影、电视剧作品作为演绎作品,如果第三人要将其改编为其他文学艺术形式,如将电影改编成话剧等,需要经过原作品著作权和电影、电视剧作品著作权人(制作者)的双重许可。另一方面,电影、电视剧作品作为一种特殊的演绎作品,不同于一般的演绎作品,"双重权利、需要双重许可"的规则受到一定的限制,如果第三人只是利用电影、电视剧作品本身(未改变文学艺术形式),只需要电影、电视剧作品著作权人(制作者)即可。

电影、电视剧作品是由编剧、导演、摄影、作词、作曲等作者基于共同的合意创作完成的合作作品,是一种特殊的合作作品,不适用于《著作权法》关于合作作品著作权归属的一般规则:两人以上合作创作的作品,著作权由合作作者共同享有,根据《著作权法》第十七条的规定确定著作权归属。当电影、电视剧作品被第三人侵权时,只有制作者能够作为著作权人提起诉讼,编剧、导演、摄影、作词、作曲等作者无权对外维权。

除电影、电视剧作品外的其他视听作品著作权归属由当事人约定;没有约定或者约定不明确的,由制作者享有,但作者享有署名权和获得报酬的权利。

案例

上海美术电影制片厂于 1979 年拍摄了美术片《阿凡提的故事》第一集,曲某作为该片的美术设计,创作了片中脍炙人口的"阿凡提"美术形象。此后,上海美术电影制片厂拍摄的美术片《阿凡提的故事》第二集署名曲某为导演、美术设计。1980 年 10 月,上海人民美术出版社公开出版了《中国美术电影造型选集》一书,该书中收录有"阿凡提"美术形象,署名曲某为作者。1996 年 7 月 12 日,曲某将"阿凡提"美术形象向上海市版权局进行了登记。北京阿提餐饮发展有限公司未经曲某许可,在自己注册、经营的网站的网页上登载的商业广告中使用了"阿凡提"美术形象,曲某将其诉至法院。

法院经审理认为:根据现有证据可以认定曲某创作了"阿凡提"美术形象,虽然上海美术电影制片厂拍摄了美术片《阿凡提的故事》,但上海美术电影制片厂只对该美术片享有整体著作权,而曲某作为该片的美术设计,对其创作的"阿凡提"美术形象享有独立的著作权,曲某可就此作品单独主张著作权。此外,曲某已将其创作的"阿凡提"美术形象进行了著作权登记,公开出版物上也已明确署名原告为"阿凡提"美术形象的作者,更无他人就"阿凡提"美术形象主张权利,曲某作为"阿凡提"美术形象的作者所享有的著作权受我国法律保护。

七、美术和摄影作品著作权归属的特别规定

《著作权法》第二十条规定:"作品原件所有权的转移,不改变作品著作权的归属,但美术、摄影作品原件的展览权由原件所有人享有。作者将未发表的美术、摄影作品的原件所有权转让给他人,受让人展览该原件不构成对作者发

表权的侵犯。"

根据法律规定,美术和摄影作品的著作权由作者享有。美术和摄影作品原件所有权转移的,原件的所有权人同时享有"原件的展览权"(不享有"复制件"的展览权)。美术和摄影作品原件所有权转移的,作者依然享有除原件展览权以外的其他著作权。

八、作者身份不明作品的著作权归属

《著作权法实施条例》第十三条规定:"作者身份不明的作品,由作品原件的所有人行使除署名权以外的著作权。作者身份确定后,由作者或者其继承人行使著作权。"

需要注意的是,作者身份不明作品仅指身份无法确定的作者的作品,对于那些虽没有署名或没有署真名,但能够通过其他渠道确认作者身份的作品不属于作者身份不明作品。例如,冰心是谢婉莹的笔名,起初可能很多人不知道冰心就是谢婉莹,但通过冰心这个笔名,出版社仍然可以向其获得授权并支付报酬。

第四节　外国著作权人

著作权具有地域性,根据一国著作权相关法律规定而产生的著作权并不一定在其他国家受到承认和保护,除非有国际条约、双边或多边协议的特殊规定。我国目前加入了《保护文学和艺术作品伯尔尼公约》《与贸易有关的知识产权协议》《世界知识产权组织版权条约》《世界版权公约》《世界知识产权组织表演和录音制品条约》《视听表演北京条约》《关于为盲人、视力障碍者或其他印刷品阅读障碍者获得已出版作品提供便利的马拉喀什条约》等一系列与著作权相关的国际条约、双边或多边协议,对于这些条约、协议项下的权利人,无论是本国人、外国人还是无国籍人,我国都有提供保护的义务。

一、起源国

起源国是《保护文学和艺术作品伯尔尼公约》（以下简称《伯尔尼公约》）的重要概念，它不仅决定着一部作品是否受中国法保护，何时受中国法保护；还决定着一部作品是只受中国《著作权法》保护，还是按照《伯尔尼公约》规定的最低保护标准进行保护。《伯尔尼公约》第五条第四款规定："起源国指的是①对于首次在本同盟某一成员国出版的作品，以该国家为起源国；对于在分别给予不同保护期的几个本同盟成员国同时出版的作品，以立法给予最短保护期的国家为起源国。例如，一名研究中国历史的德国学者以中文创作的历史小说首先在中国发表，那小说的起源国为中国。如果该小说在中国和德国同时发表，中国对自然人作品的著作权保护期现在为作者有生之年及死亡后 50 年，德国对自然人作品的著作权保护期现在为作者有生之年及死亡后 70 年，则中国为该小说的起源国。② 对于同时在非本同盟成员国和本同盟成员国出版的作品，以后者为起源国。例如，一名柬埔寨学者在柬埔寨和中国同时发表了一部小说，由于柬埔寨不是公约的成员国，则中国为该小说的起源国。③ 对于未出版的作品或首次在非本同盟成员国出版而未同时在本同盟成员国出版的作品，以作者为其国民的本同盟成员国为起源国，然而，对于制片人总部或惯常住所在本同盟一成员国内的电影作品，以该国为起源国；对于建造在本同盟一成员国内的建筑作品或构成本同盟某一成员国建筑物一部分的平面和立体艺术作品，以该国为起源国。"例如，一名美国学者创作完成一部小说后未发表或仅在柬埔寨发表，则美国为该小说的起源国。如果一部电影作品未发行或仅在柬埔寨发行，其制作者总部在美国，由于美国是公约成员国，则美国为该电影作品的起源国。如果柬埔寨雕塑家创作了一个动物雕塑作品，但未制作复制件并出售，或仅在柬埔寨出售，但安装在美国一栋别墅里，则该动物雕塑作品的起源国为美国。需要注意的是，对于电影作品、建筑作品、建筑物内的平面和立体艺术作品起源国的适用规制，是以该电影作品、建筑作品、建筑物内的平面和立体艺术作品没有在公约成员国首次出版或同时出版为前提的，若上述作品在成员国首次出版或在非成员国与成员国同时出版，起源国的判断标准还是以前述①和②两项所确定。

《著作权法》第二条第一款规定："中国公民、法人或者非法人组织的作品，不论是否发表，依照本法享有著作权。"《著作权法》第二条第二款规定："外国人、无国籍人的作品根据其作者所属国或者经常居住地国同中国签订的协议或者共同参加的国际条约享有的著作权,受本法保护。"《著作权法》第二条第三款规定:"外国人、无国籍人的作品首先在中国境内出版的,依照本法享有著作权。"《著作权法》第二条第四款规定:"未与中国签订协议或者共同参加国际条约的国家的作者以及无国籍人的作品首次在中国参加的国际条约的成员国出版的,或者在成员国和非成员国同时出版的,受本法保护。"

对于中国作为起源国的作品,中国可以基于国家主权规定受中国法保护的时间和条件。根据《著作权法》第二条第一款和第二款的规定,采用自动保护原则,无论是中国人还是外国人、无国籍人创作的作品,只要作品的起源国是中国,著作权自作品创作完成之日起自动产生。

对于外国作为起源国的作品,并不一定在中国受到承认和保护,仅在满足中国加入的国际条约、双边或多边协议的特殊规定下,该作品才受到中国的保护。

二、外国人、无国籍人作品受中国法律保护的条件

《伯尔尼公约》第三条规定:① 根据本公约,作者为本同盟任何成员国的国民者,其作品无论是否已经出版,都受到保护;作者为非本同盟任何成员国的国民者,其作品首次在本同盟一个成员国出版,或在一个非本同盟成员国和一个同盟成员国同时出版的都受到保护。② 非本同盟任何成员国的国民但其惯常住所在一个成员国国内的作者,为实施本公约享有该成员国国民的待遇。③ "已出版作品"一词指得到作者同意后出版的作品,而不论其复制件的制作方式如何,只要从这部作品的性质来看,复制件的发行方式能满足公众的合理需要。戏剧、音乐戏剧或电影作品的表演,音乐作品的演奏,文学作品的公开朗诵,文学或艺术作品的有线传播或广播,美术作品的展出和建筑作品的建造不构成出版。④ 一个作品在首次出版后30天内在两个或两个以上国家内出版,则该作品应视为同时在几个国家内出版。《著作权法》第二条第二至四款落实了《伯尔尼公约》第三条的规定。根据《著作权法》的规定,外国人、无国籍人创作的作品如果受到中国法律的保护,需要符合以下两种情况:第一,对于中国作为起源国的作品,如在中国首先出版,按照中国的法律规定的时间和条件提供保护;第二,对于其他成员国或缔约国作为起源国的作品,符合作者作为成员

国国民的(国籍标准)、作者不是成员国国民但在成员国有经常居住地(惯常居所标准)、作者不是成员国国民在成员国也无经常居住地,但作品首次在成员国出版或者在成员国和非成员国同时出版的(出版标准,所谓出版,并不要求同一天出版,是指作品首先出版后30天内又在其他国家出版)三个条件之一的,中国按照《伯尔尼公约》规定的时间和条件进行保护。

三、外国人、无国籍人作品受中国法律保护的标准

《伯尔尼公约》第五条第三款规定:"起源国的保护由该国法律规定。"对于中国作为起源国的作品,完全按照中国法律规定的保护标准进行保护,即便该标准低于《伯尔尼公约》规定的最低保护标准,也不违反《伯尔尼公约》的规定。因为,《伯尔尼公约》规定的最低保护标准只涉及成员国对起源国为其他成员国的作品的保护。

对于其他成员国或缔约国作为起源国的作品,中国按照《伯尔尼公约》规定的最低保护标准原则、国民待遇原则、独立保护原则和自动保护原则提供保护。

最低保护标准原则散落在《伯尔尼公约》诸多条款中,是从不同的条款中抽象而出的,最低保护原则是指各缔约国对起源国为其他成员国的作品的知识产权保护不能低于该条约规定的最低标准,这些标准包括权利保护对象、权利取得方式、权利内容及限制、权利保护期间等。

国民待遇原则规定在《伯尔尼公约》第五条第一款:"就享有本公约保护的作品而论,作者在作品起源国以外的本同盟成员国中享有各该国法律现在给予和今后可能给予其国民的权利,以及本公约特别授予的权利。"意味着对于其他成员国或缔约国作为起源国的作品,某一成员国给予其权利人的权利,应当包括该成员国给予本国国民的权利和《伯尔尼公约》特别授予的权利。《伯尔尼公约》的国民待遇并不是指外国人、无国籍人享有的待遇与本国国民相同,而是指对于其他成员国或缔约国作为起源国的作品的权利人,在一国享有的待遇不低于该国国民。

与此同时,《伯尔尼公约》还规定了国民待遇原则的三个例外情形。第一,保护期的例外。《伯尔尼公约》第七条第一款规定:"本公约给予保护的期限为作者有生之年及其死后50年内。"但像美国、英国、欧盟各成员国等发达国家

著作权相关法律规定的保护期限要高于《伯尔尼公约》的规定,对自然人作品的保护期为作者有生之年至死后 70 年。我国的著作权保护期与《伯尔尼公约》的规定相同,那对于中国作为起源国的自然人作品,在美国是否享有国民待遇受作者有生之年至死后 70 年的保护呢?答案是不能,《伯尔尼公约》第七条第八款规定:"保护期限将由被要求给予保护的国家的法律加以规定;但是,除该国家的法律另有规定者外,这种期限不得超过作品起源国规定的期限。"因此,对于中国作为起源国的自然人作品,在美国受保护的期限仍为作者有生之年及其死后 50 年。第二,追续权的例外。欧盟等发达国家和地区著作权立法还规定了追续权,是指基于视觉艺术作品的作者在其作品被转卖时,有权从价金中分得一定比例的份额。《伯尔尼公约》第十四条之三第一款规定:"对于艺术作品原作和作家与作曲家的手稿,作者或作者死后由国家法律所授权的人或机构享有不可剥夺的权利,在作者第一次转让作品之后对作品进行的任何出售中分享利益。"《伯尔尼公约》虽有追续权的规定,但并未要求成员国必须保护其他成员国国民的追续权,而是附加了保护的条件。《伯尔尼公约》第十四条之三第二款和第三款规定:"只有在作者本国法律承认这种保护的情况下,才可在本同盟的成员国内要求上款所规定的保护,而且保护的程度应限于被要求给予保护的国家的法律所允许的程度。分享利益之方式和比例由各国法律确定。"因此,追续权是一种例外。例如,法国著作权相关法律规定了追续权,如果中国作家创作的小说原稿在中国首先被出售,后又在法国被拍卖,中国的作家不能从拍卖收入中获得收益,因为中国《著作权法》未规定追续权,法国无义务保护中国作家的追续权。第三,实用艺术作品以及工业品平面和立体设计的例外。《伯尔尼公约》第二条第七款规定:"本同盟各成员国得通过国内立法规定其法律在何种程度上适用于实用艺术作品以及工业品平面和立体设计以及此种作品和平面与立体设计受保护的条件。在起源国仅仅作为平面与立体设计受到保护的作品,在本同盟其他成员国只享受各该国给予平面和立体设计的那种专门保护;但如在该国并不给予这种专门保护,则这些作品将作为艺术作品得到保护。"《伯尔尼公约》给予成员国在保护层面一定的选择权,例如,法国将服装这种实用艺术品作为一种作品受到法国著作权相关法律的保护,而美国认为服装的实用功能性与美感无法分离,因此服装设计在美国无法受到著作权的保护,只能申请外观设计专利进行保护。这种情形下,法国无义务予以美国作为起源国的服装以著作权保护方面的国民待遇。只有当法国不对该美国服装设计提供外观专利保护时,才有义务用著作权加以保护。

独立保护原则和自动保护原则规定在《伯尔尼公约》第五条第二款:"享有和行使这些权利不需要履行任何手续,也不论作品起源国是否存在保护。除本公约条款外,保护的程度以及为保护作者权利而向其提供的补救方法完全由被要求给以保护的国家的法律规定。"根据该规定,一成员国对于其他成员国作为起源国的作品提供自动保护,不附加任何其他条件,即自动保护原则。根据该规定,一成员国对于其他成员国作为起源国的作品提供保护时,除《伯尔尼公约》的特别规定(如国民待遇的三种例外情形),不依据起源国对该作品是否保护、保护的程度,而根据《伯尔尼公约》的要求提供保护,即独立保护原则。

第五章
邻接权

第一节　邻接权产生的原因及含义

一、邻接权产生的原因

《著作权法》保护的主要对象是作品,对于作品以外的一些具有一定传播价值的智力成果由于其独创性不足,无法作为作品受到《著作权法》的保护。如表演活动、录音录像制品等,那如何对其加以保护呢？一种办法是将其法律拟制为符合独创性要求的作品,但会破坏传统的法律理论。一种办法是在《著作权法》之外创设特别法加以保护,但立法成本很高。因此,世界上大多数国家采取经济有效的解决办法是在各国的《著作权法》中新设一种与传统著作权相并行的权利,作为广义的著作权,专门保护除作品之外的独创性程度不高但又与作品相关联的智力成果,这种新式权利就是邻接权。

二、邻接权的含义

邻接权是指不构成作品的特定文化产品的创造者对该文化产品所享有的专有权利。在我国《著作权法》中,邻接权指版式设计权、表演者权、录音录像制作者权、广播组织权。

邻接权与狭义的著作权密切相关:首先,邻接权的客体与作品存在一定的联系,如表演者享有的表演者权保护对象是针对各类作品的表演活动,录音制作者享有的录音制作者权保护对象大多是针对音乐作品的录音制品;其次,邻接权与狭义的著作权均属权利人的专有权利,并且邻接权人享有的某些专有权利与狭义的著作权人是相同的,如《著作权法》规定视听作品、计算机软件作品的著作权人享有出租权,而录音录像制作者也享有该权利。

需要注意的是,邻接权又并不同于狭义的著作权,两者之间的差异也较为明显:首先,两者的客体不同,狭义的著作权保护对象是各类作品,邻接权保护对象是由于独创性不足,无法成为作品的其他智力成果;其次,邻接权的客体由于独创性不如作品高,其享有的法律保护力度就会低于作品。

第二节　版式设计权

《著作权法》第三十七条规定:"出版者有权许可或者禁止他人使用其出版的图书、期刊的版式设计。前款规定的权利的保护期为十年,截至使用该版式设计的图书、期刊首次出版后第十年的 12 月 31 日。"

版式设计是指对图书、期刊印刷品的版面格式的设计,包括对版心、排式、用字、行距、标点等版面布局因素的安排。不同的出版社在出版同一部作品时,往往在版式设计上会有不同,这体现了出版社的智力劳动成果。虽然版式设计难以达到作品独创性的标准,但如果允许其他出版社在出版相同作品时使用原版式设计者的设计是不公平的。因此,立法者将版式设计纳入邻接权的范畴。但由于图书、期刊的版式设计数量和类型的有限性,对版式设计保护的范围不宜太过宽泛,应当将版式设计权理解为对同一作品的出版。例如,甲出版社出版了小说《三国演义》,乙出版社出版《三国演义》时不能未经许可直接套用甲出版社的版式。

第三节　表演者权

一、表演者权的主体

表演者权是指表演者对其表演活动而享有的专有权利。《保护表演者、音像制品制作者和广播组织罗马公约》第三条规定:"表演者是指演员、歌唱家、音乐家、舞蹈家和表演、歌唱、演说、朗诵、演奏或以别的方式表演文学或艺术作品的其他人员。"《世界知识产权组织表演与录音制品条约》和《视听表演北京条约》均将表演者定义为:演员、歌唱家、音乐家、舞蹈家以及对文学或艺术作品或民间文学艺术表达进行表演、歌唱、演说、朗诵、演奏、表现或以其他方式进行表演的其他人员。其中,"人员"应是自然人,而不是单位。单位不可能通过自己的声音、表情和动作进行表演,只能组织演员进行表演,将单位规定为表演者不是合逻辑的。

表演者权规制的表演行为是指对文艺作品(包括文学、艺术作品和民间文学艺术表达)进行表演活动。如果并非对文艺作品进行表演,则不享有表演权。例如,在2021年东京奥运会篮球赛场上,来自达拉斯独行侠队的东契奇率领从来没打过奥运会的斯洛文尼亚队与原奥运会男篮冠军阿根廷队相遇,东契奇全场拿下48分、11个篮板球、5次助攻和3个盖帽,帮助斯洛文尼亚队获胜,东契奇出色的球技表演赢得了诸多球迷的喝彩,但由于东契奇对篮球的球技表演并非对文艺作品的表演,因此不享有表演者权。

需要注意的是,对文艺作品进行表演的人是表演者,至于该作品是否已过著作权保护期,并不影响权利的认定。例如,吴承恩的《西游记》已过保护期,如果有人将三打白骨精片段改编成话剧,表演话剧的演员们依旧享有表演者权。

二、表演者权的客体

表演者权的保护对象是指表演者对文艺作品(包括文学、艺术作品和民间文学艺术表达)的表演活动。

表演者如果对于同一作品进行表演,即便内容相同,表演者对每次的表演均享有表演者权。例如,2019 年 10 月,周杰伦分别在上海、北京、济南举办了巡回演唱会,演唱的内容大致相同,包括成名曲《青花瓷》《告白气球》《不能说的秘密》《稻香》等,周杰伦分别对这三场演唱会享有表演者权。

三、表演者权的权利内容

表演者权的权利内容在邻接权中比较特殊,是唯一具有人身权和财产权双重属性的邻接权。

(一)表明表演者身份权

表明表演者身份权是表演者拥有的两个人身性权利之一,与作者的署名权类同。《视听表演北京条约》第五条第一款第一项规定:"不依赖于表演者的经济权利,甚至在这些权利转让之后,表演者仍应对其现场表演或以视听录制品录制的表演有权要求承认其系表演的表演者,除非因使用表演的方式而决定可省略不提其系表演者。"

由于表演活动的传播方式的不同,表明表演者身份的手段和方式也不相同。例如,电视台在转播表演者表演时可以通过字幕方式列出表演者的姓名,钢琴家在剧院进行演奏时剧院可以将姓名印在海报上等。此外,表明表演者身份手段和方式要契合行业习惯和便利性的要求,在表演者众多的情况下可以只列举主要表演者。

(二)保护表演形象不受歪曲权

保护表演形象不受歪曲权是表演者拥有的另一个人身性权利,是指表演者有权禁止他人对自己在表演中的形象进行篡改或歪曲,防止对自己的声誉造成损害。《视听表演北京条约》第五条第一款第二项规定:"不依赖于表演者的经济权利,甚至在这些权利转让之后,表演者仍应对其现场表演或以视听录制品录制的表演有权反对任何对其表演进行的将有损其声誉的歪曲、篡改或其他修改,但同时应对视听录制品的特点予以适当考虑。"

(三)现场直播权

《著作权法》第三十九条第三款规定:"表演者对其表演享有许可他人从现场直播和公开传送其现场表演,并获得报酬的权利。"该项规定又被称为现场直播权。现场直播权是表演者的重要经济权利,未经表演者的许可,他人是不能对其表演活动进行现场直播的。

从权利内容上看,现场直播权只能控制对现场表演进行同步直播的行为,如果该现场表演经表演者许可已经被固定在相应的载体上,广播电台、电视台对录制的表演进行播放就属于非现场表演,无须经表演者同意并支付报酬。因此,表演者的现场直播权可以被视为"半个广播权"。

(四) 首次固定权

《著作权法》第三十九条第四款规定:"表演者对其表演享有许可他人录音录像,并获得报酬的权利。"该规定又被称为首次固定权。首次固定权本质上是一种复制权,将表演者的现场表演通过录音录像的方式固定在有形的物质载体上,形成了表演活动的复制件,对表演者的利益有重要影响。

(五) 复制、发行、出租权

《著作权法》第三十九条第五款规定:"表演者对其表演享有许可他人复制、发行、出租录有其表演的录音录像制品并获得报酬的权利。"

对表演者的现场表演进行录音录像后,表演活动就已经被固定在有形的物质载体上,形成了录音录像制品,此时再将该录音录像制品翻录到其他载体上便是这里的复制行为,向公众出售或赠予该录音录像制品则是发行行为。《著作权法》规定视听作品和计算机软件两类作品的著作权人享有的出租权,出租权针对的并不是作品本身,而是作品的原件或复制件,与之相对应的是表演者的出租权针对的不是被录制的现场表演本身,而是表演录制品的原件或复制件。

(六) 信息网络传播权

《著作权法》第三十九条第六款规定:"许可他人通过信息网络向公众传播其表演,并获得报酬。"因此,未经表演者许可,将录有表演活动的录音录像制品上传至有线或无线网络上,使公众可以在其选定的时间和地点在线浏览或下载作品,就侵犯了表演者的信息网络传播权。

思考

关于模仿秀的法律问题,如王菲唱《传奇》歌曲非常出名,如果有人在综艺节目中模仿王菲的歌声唱《传奇》,需要经过谁的许可?

参考结论

在综艺中唱该歌,首先综艺节目方应从歌曲著作权方取得摄制权、广播权等权利。其次,模仿秀不侵犯表演者的表演者权,无须取得被模仿歌手的同意。

四、职务表演

《著作权法》第四十条规定:"演员为完成本演出单位的演出任务进行的表演为职务表演,演员享有表明身份和保护表演形象不受歪曲的权利,其他权利归属由当事人约定。当事人没有约定或者约定不明确的,职务表演的权利由演出单位享有。职务表演的权利由演员享有的,演出单位可以在其业务范围内免费使用该表演。"《著作权法》关于职务表演的规定,较为合理地解决了演出单位与其聘用的表演者之间利益平衡的问题。

关于职务表演的权利归属,表明表演者身份权和保护表演形象不受歪曲权两项人身性权利由表演者享有。现场直播权、首次固定权、复制、发行、出租权以及信息网络传播权这几类财产性权利的归属首先由当事人事先约定,如果约定由演员享有的,演出单位可以在其业务范围内免费使用该表演,没有约定或者约定不明确的,职务表演的财产性权利由演出单位享有。

五、表演者权的保护期

根据《著作权法》第四十一条规定,表明表演者身份权和保护表演形象不受歪曲权两项人身性权利不受期限的限制。现场直播权、首次固定权、复制、发行、出租权以及信息网络传播权这几类财产性权利保护期为50年,截至该表演发生后第50年的12月31日。

第四节 录音录像制作者权

一、录音录像制作者权主体和客体

录音录像制作者权,又称为录制权,根据《著作权法》第四十二条的规定,是指录音录像制品的制作人对其制作的录音录像制品享有的专有权利。

录音录像制品可以分为两种类型：一种是录制表演者活动的制品，一种是录制人类生活声音、画面或自然界声音、画面的制品。对于大多数录音录像制品而言，录制者在录制过程中都会添加具有个性化的设计和编排，不同的人对相同的表演进行录制的结果也会各有不同，很多的录制品在完成初步的机械录制后会进行后期的制作和加工。如果上述智力成果难以达到作品独创性的要求，就只能作为录音录像制品进行保护，例如，小区监控 24 小时录制的监控内容，录制者享有的权利是邻接权而非狭义的著作权。如果智力成果达到作品独创性的要求，便构成了视听作品。

录音录像制作者权的权利主体是录音录像制品的制作者，是首次进行录音录像制作的人，对已有录制品进行翻录的人不是这里的权利人。例如，甲许可乙公司将其拍摄并剪辑而成的太阳升起的视频录像制成 DVD 发行，乙公司不是邻接权人，乙公司只是将视频录像复制到新的物质载体上，甲是该视频录像的首次制作人。再例如甲电影公司拍摄了一部电影，给予乙音像公司制作 DVD 的专有许可，若第三人未经许可将 DVD 进行翻录并销售，是否侵犯了乙音像公司的邻接权？因为录音录像制作者是录音、录像制品的首次制作人，这部电影作品并非乙音像公司首次制作的，因此不侵犯音像公司的录像制作者权，音像公司可以作为该影片的著作权专有被许可人进行法律维权。

二、录音录像制作者权的权利内容

（一）复制权

对录音录像制品的复制是指将原录音录像制品的内容从原载体复制到另一载体上，属于平面到平面的复制。例如，未经许可，对录音录像制品的内容进行翻刻、翻录的行为。

（二）发行权

对录音录像制品的发行是指以出售或者赠予的方式向公众提供录音录像制品的原件或者复制件的行为。未经许可，出售盗刻、盗录的录音录像制品侵犯了录音录像制作者的发行权。

(三) 出租权

《著作权法》第四十四条第二款规定:"被许可人出租录音录像制品,还应当取得表演者许可并支付报酬。"由于近些年来通过互联网下载录音录像制品越来越简单便捷,音像实体出租业已经逐步萎缩并很难寻觅踪迹,《著作权法》为录制者规定了该项权利,宣示意义更大一些。

(四) 信息网络传播权

未经录音录像制作者的许可,将录制品的内容上传至有线或无线网络上,使公众可以在其选定的时间和地点在线浏览或下载,就侵犯了录音录像制作者的信息网络传播权。像作品著作权人的著作权、表演者的表演者权一样,录音录像制作者权中的信息网络传播权控制的是交互式网络传播行为,对于非交互式传播不属于该权利控制的行为。

(五) 传播录音制品获得报酬权

《著作权法》第四十五条规定:"将录音制品用于有线或者无线公开传播,或者通过传送声音的技术设备向公众公开播送的,应当向录音制作者支付报酬。"根据规定,在两种情况下,第三人利用录音制品应当向录音制作者支付报酬:一种情况是将录音制品用于有线或者无线公开传播,这里的有线或者无线公开传播是指通过无线电广播、有线电缆传播或网播等非交互式技术传输手段将录音制品传送至不在传播发生地的公众,供其欣赏的行为。为什么要强调传播方式为非交互式传播,是因为如果对录音制品进行交互式传播,《著作权法》通过信息网络传播权对该行为进行规制,不需要再适用《著作权法》第四十五条的规定;另一种情况是通过传送声音的技术设备向公众公开播送,既包括超市、餐厅使用 CD 机等设备直接播放录音制品的行为,也包括酒吧等打开收音机、电视机,接收广播电台、电视台正在播出的播放录音制品的节目(如播放音乐演唱会的录音),并通过收音机、电视机及与之相连的扬声器播放的行为。但是,基于中国目前的现实状况,要想录音制品使用者主动向录音制作者支付报酬是不切实际的,只有通过著作权集体管理组织进行统一收取费用并进行管理才是现实可行的。

（六）许可电视台播放权

《著作权法》第四十八条规定:"电视台播放他人的录像制品,还应当取得著作权人许可并支付报酬。"该权利仅限于录像制品,录音制品制作者无此权利。

三、录音录像制作者权的保护期

《著作权法》第四十四条规定:"录音录像制作者对其制作的录音录像制品,享有许可他人复制、发行、出租、通过信息网络向公众传播并获得报酬的权利;权利的保护期为五十年,截至该制品首次制作完成后第五十年的 12 月31 日。"

第五节　广播组织权

一、广播组织权的主体和客体

《广播电视管理条例》第八条第二款规定:"本条例所称广播电台、电视台是指采编、制作并通过有线或者无线的方式播放广播电视节目的机构。"我国广播电视组织权是既包括有线方式又包括无线方式播放广播电视节目的权利,我国的广播组织机构属于国家设立的机构,包括广播电台和电视台,不包括网络电台和网络电视台,因为后者属于非国家设立的商业机构。

广播组织权的客体是节目本身而非节目信号,信号是指"传输声音、图像或其他信息的电波",是不可能被固定的。广播组织播放广播电视当然需要借助信号,对广播电视的录制,固定的是节目,而不是载有节目的信号。

二、广播组织权的内容

（一）转播权

广播组织权中的转播权是指广播电台、电视台有权禁止未经其许可将其播放的广播、电视以有线或者无线方式转播。因此,广播电台、电视台的转播权可以规制以任何技术手段,无论是通过无线电波、有线电缆还是通过互联网对其播放的广播电视向公众进行的同步播放(非交互式传播)。如果未经许可通过互联网转播广播电台、电视台播放的广播电视(如新年音乐会、体育赛事等现场直播),将构成对广播组织权中转播权的侵犯。

　　未经许可转播的行为可能会严重损害广播组织单位的利益,如央视对2021年在日本举办的东京奥运会进行现场直播是以支付转播费方式为前提的,奥运会作为国际重大体育比赛,转播权统一由中央电视台谈判与购买,央视再将转播权分拆以及分销给其他电视渠道、互联网平台等。未经央视书面许可,任何机构或个人均不得在中国大陆地区(含澳门)随意转播央视关于东京奥运会的现场直播信号,否则必然会影响央视的收视率进而影响央视的广告等收益,对央视是不公平的。

(二)录制、复制权

　　广播组织权中的录制、复制权是指广播电台、电视台有权禁止未经其许可将其播放的广播、电视录制在音像载体上以及复制音像载体。录制是指将广播组织播出的节目通过录制而固定在物质载体之上,形成节目的有形复制件。复制是指对该复制件进行再次复制。例如,未经央视的许可将东京奥运会乒乓球比赛的现场直播录制下来,并制作成光盘进行出售就是侵犯央视广播组织权的行为。

(三)信息网络传播权

　　广播组织权中的信息网络传播权是指广播电台、电视台有权禁止未经其许可将其播放的广播、电视通过信息网络向公众传播(交互式传播)。该项权利规制的行为,是将广播组织播出的广播电视(节目)的录制品上传至向公众开放的服务器中,供公众在线点播或下载,也就是使公众在其选定的时间和地点获得。

三、广播组织者的义务

　　《著作权法》第四十六条规定:"广播电台、电视台播放他人未发表的作品,应当取得著作权人许可并支付报酬。"由于对已发表作品,除视听作品、录像制品外,广播电台、电视台享有法定许可权,因此该规定限制于"未发表"作品。

《著作权法》第四十八条规定:"电视台播放他人的视听作品、录像制品,应当取得视听作品著作权人或者录像制作者许可并支付报酬;播放他人的录像制品,还应当取得著作权人许可并支付报酬。"

广播电台、电视台不得影响、限制或者侵害作者的署名权、修改权、保护作品完整权以及获得报酬的权利。

案例

高某编写了《影视著作权案例分析》一书,并以此为教材进行公开授课并出版发行。甲电视台开辟了《电影法律普法栏目》,未经高某同意在节目中使用了高某《影视著作权案例分析》一书的内容,并向高某寄送了相应的报酬。

问题

甲电视台侵犯了高某的广播权吗?

参考结论

根据《著作权法》的规定,高某对其编写的《影视著作权案例分析》享有的著作权,受法定许可的限制,甲电视台的行为符合法定许可的条件,因此不构成侵权。

案例

高某编写了《影视著作权案例分析》一书,并以此为教材进行公开授课并出版发行,电影学院为打造精品课程对高某的影视著作权案例分析课进行了全程录制。甲电视台开辟了"电影法律普法栏目",未经任何人同意在节目中播放了高某影视著作权案例分析课程录像,并向高某和电影学院寄送了相应的报酬。

问题

甲电视台的行为是否侵权?

参考结论

第一,电影学院对其制作的录像制品享有广播权,且不受法定许可的限制,甲电视台如果播放该录像制品应当征得电影学院的同意,否则构成侵权;第二,高某享有广播权,原本受到法定许可制度的限制,但课程被电影学院录制为录像制品后,甲电视台要播放该课程录像,不仅需要电影学院的同意,还需经过著作权人高某的同意,否则构成侵权。

四、广播组织权的保护期

《著作权法》第四十七条规定:"本条规定的权利的保护期为五十年,截至该广播、电视首次播放后第五十年的 12 月 31 日。" 我国目前加入涉及广播组织保护的国际条约是——《TRIPS 协议》,该协议约定对广播组织者权的保护期不少于 20 年。因此,我国《著作权法》规定的保护期已经远远超出了国际公约规定的最低标准。

第六章
著作权的权利限制和保护期限

　　我国《著作权法》为著作权人和邻接权人制定了很多的人身和财产权利，目的是为了激发人们的创作热情，促进文化的繁荣。但出于社会发展的需要，在赋予权利人某些垄断权利的同时，还要处理好私权利和公共利益的平衡，为了保证文化的交流和传播，对私权利需要进行一定程度的限制，在一定条件下可以不经权利人许可甚至可以无偿使用作品。立法者制定了合理使用和法定许可两类限制性规定，两者的区别在于是否需要支付报酬，但第三人使用作品时均不需要经过权利人的许可。需要注意的是，要构成合理使用，不仅要看是否属于《著作权法》规定的法定情节，还要看是否符合"三步检验标准"，即使用方式仅限于法定情形，且不影响权利人对作品（或表演、录音录像制品、广播电视节目信号、版式设计）的正常使用，也没有不合理地损害权利人的合法权益。

第一节　合理使用

　　《著作权法》第二十四条规定："在下列情况下使用作品，可以不经著作权人许可，不向其支付报酬，但应当指明作者姓名或者名称、作品名称，并且不得影响该作品的正常使用，也不得不合理地损害著作权人的合法权益：① 为个人学习、研究或者欣赏，使用他人已经发表的作品；② 为介绍、评论某一作品或者说明某一问题，在作品中适当引用他人已经发表的作品；③ 为报道新闻,在报纸、期刊、广播电台、电视台等媒体中不可避免地再现或者引用已经发表的作品;④ 报纸、期刊、广播电台、电视台等媒体刊登或者播放其他报纸、期刊、广播电台、电视台等媒体已经发表的关于政治、经济、宗教问题的时事性文章,但著作权人声明不许刊登、播放的除外;⑤ 报纸、期刊、广播电台、电视台等媒体刊登或者播放在公众集会上发表的讲话,但作者声明不许刊登、播放的除外;⑥ 为学校课堂教学或者科学研究,改编、汇编、播放或者少量复制已经发表的作品,供教学或者科研人员使用,但不得出版发行;⑦ 国家机关为执行公务在合理范围内使用已经发表的作品;⑧ 图书馆、档案馆、纪念馆、博物馆、文化馆等为陈列或者保存版本的需要,复制本馆收藏的作品;⑨ 免费表演已经发表的作品,该表演未向公众收取费用,也未向表演者支付报酬且不以营利为目的;⑩ 对设置或者陈列在公共场所的艺术作品进行临摹、绘画、摄影、录像;⑪ 将中国公民、法人或者非法人组织已经发表的以国家通用语言文字创作的作品翻译成少数民族语言文字作品在国内出版发行;⑫ 以阅读障碍者能够感知的无障碍方式向其提供已经发表的作品;⑬ 法律、行政法规规定的其他情形。前款规定适用于对与著作权有关的权利的限制。"

合理使用是指对他人已经发表的作品,在法律规定的特定情形下,可以不经著作权人的许可,也无须向其支付报酬,以法定的方式使用,该使用不影响作品的正常使用,也不会不合理地损害权利人的合法权益,从而具有违法阻却性,不构成对权利人著作权的侵害。但如果作者依法发声明禁止使用的,不适用合理使用制度。需要注意的是,不仅狭义的著作权受到合理使用的限制,根据《著作权法》第二十四条的规定,合理使用制度适用于对与著作权有关的权利的限制,因此邻接权也受合理使用制度的限制。要符合合理使用的情形,需要满足以下三个构成要件:第一,使用的须是他人已经发表的作品(或表演、录音录像制品、广播电视节目信号、版式设计),但图书馆、档案馆、纪念馆、博物馆、文化馆等为陈列或者保存版本的需要,复制本馆收藏的作品的情形除外;第二,使用时须指明作者姓名或者名称、作品名称,但依惯例不方便标注的,可以不标注;第三,使用方式符合"三步检验标准"。

一、为个人学习、研究或者欣赏而使用

"为个人学习、研究或者欣赏,使用他人已经发表的作品",这种合理使用

的方式仅限于为了个人目的。例如,学生为撰写毕业论文搜集资料,将别人的文献资料下载打印。如果出于商业目的而进行使用或将作品复制件向公众散发,就不构成合理使用。例如,某公司出于经济目的,复制他人的设计图纸便不构成合理使用。

需要注意的是,不能认为只要是为个人学习、研究或者欣赏,复制他人的作品就一定构成合理使用,还需要查看被复制作品的来源,复制的方式和数量等,需要符合"三步检验标准"。例如,在网络上下载大量的盗版音频、视频,翻录游戏光盘等行为会严重影响作者的经济利益,构成侵权行为。

二、适当引用

"为介绍、评论某一作品或者说明某一问题,在作品中适当引用他人已经发表的作品",这种合理使用的方式关键在于如何适当引用,必须先有自己的作品再引用别人的作品,引用的部分不能成为引用人的主要部分或实质部分,将他人的数部作品内容加以拼接的行为不属于适当引用,引用的目的应当在于介绍、评论或说明,允许引用的比例和长度应取决于介绍、评论或说明的必要性。适当引用与引用的字数没有绝对的关系,如需必要某些情况下也可以全文引用。引用不限于文字形式,还包括视频等其他方式。

在判断是否构成适当引用时,应特别注意对他人作品的使用是否构成转换性使用以及转换性的程度。转换性使用是指对他人作品的使用并非为了单纯地再现他人作品本身的文学、艺术价值或实现其内在功能或目的,而是通过增加新的美学内容、新的视角、新的理念或通过其他方式,使他人作品在被使用过程中具有了新的价值、功能和性质,从而改变了其原先的功能和目的,具有一种富有建设性的转换。例如,某红学专家为解读《红楼梦》,在一篇10万字的论著中将原著中刘姥姥三进荣国府的片段进行了部分引用,虽然这种引用构成对原著的某种复制,但新著作并非只为了展现原著关于刘姥姥三进荣国府的内容,而是将原著的片段作为引子,使读者更好的理解作者对于《红楼梦》背后深意的解读,新著作的主要价值也不在于原著的片段本身,而是新著作中作者自己的理解和认识。相反,如果只是对他人作品进行了一般性的"改编",例如,将一部电影改成了话剧的形式,就不是转换性使用。虽然话剧的编排者也付出了大量的劳动,但这种改变只是换了一种方式讲述了电影里的故事,电影中的故事情节、人物等核心要素均在话剧中完整地体现并成为话剧的主要组成部分,原作品的艺术价值和功能在新作品中没有发生富有建设性的转变,两者还属于同一种表现手法,新作品的艺术价值和功能其实还是来源于原作者的智力成果。

对原作品的使用越具有转换性,越有可能构成合理使用,甚至商业性地使用原作品也可因此构成合理使用。相反,如果对原作品的使用缺少转换性,则意味着新作品的艺术价值和功能依赖于原作品,这种情形下的使用需要经原作品权利人的许可并支付报酬。

文艺创作中有一种形式:讽刺性模仿,是指为了对原作品进行讽刺或批判,而对原作品进行改造,形成新作品,并使新作品反映模仿者和原作品作者相对立的观点、立场或思想感情,原作品的内容成为讽刺、批判原作品本身的工具。讽刺性模仿是一种典型的转换性使用。

案例

北京朝阳区人民法院审理的湖南快乐阳光互动娱乐传媒有限公司(简称快乐阳光公司)与北京十三月文化传播有限公司(简称十三月公司)侵害作品信息网络传播权纠纷案中,原告快乐阳光公司诉称,其享有综艺节目《我是歌手》第三季第七期视频在大陆地区的信息网络传播权,被告十三月公司未经许可,通过其经营的"新乐府"微信公众号,向公众提供该节目第三季第七期韩红演唱的——《回到拉萨》曲目的完整在线播放服务侵犯其著作权。被告十三月公司答辩称,涉案曲目存储在腾讯视频网站上,被告只是在经营的公众号上设置链接,在介绍乐器的文章中适当引用了涉案综艺节目的一小段视频,是为说明铜钦这一乐器在歌曲中发挥的作用,属于合理使用。

北京朝阳区法院经审理认为:从引用目的看,涉案文章内容是说明《我是歌手》综艺节目中出现的各种乐器在节目中发挥的独特作用,引用涉案曲目并非为了单纯向读者展现被引用的曲目本身,让读者欣赏节目,而是使读者对乐器的作用产生更直观的感受、更容易理解文章说明的问题,这比单纯文字介绍更能达到良好效果。十三月公司在其经营的微信公众号上链接涉案曲目的行为,虽然未经权利人许可,但鉴于其引用目的是为说明问题、引用比例适当、引用行为未影响涉案综艺节目视频的正常使用,也没有不合理地损害权利人的合法利益,快乐阳光公司也未举证证明涉案行为给其造成了经济损失。因此,十三月公司主张其在微信公众号上链接涉案曲目的行为构成合理使用的抗辩,本院予以采纳。

三、新闻报道中的使用

"为报道新闻,在报纸、期刊、广播电台、电视台等媒体中不可避免地再现或者引用已经发表的作品",这种合理使用的方式允许在报道新闻时附带使用他人的作品。例如,电视台在对某作家的画展进行新闻报道时,就不可避免地将展出的画作录入到新闻节目中播出,给人一种现场感,这就涉及对美术作品的复制、展览和广播的问题。只要这种行为没有超出必要的限度,就可以构成合理使用,但如果电视台未经许可将展出的所有画作非常详细地录制下来,就不再是合理使用,而是侵权行为了。该合理使用中的媒体仅指传统国有媒体,不包括网络自媒体。

什么是不可避免地再现或引用?不可避免并非是指如果不再现或引用作品就不能用任何其他方式进行新闻报道,而是指如果不再现或引用作品就不能使公众更好地知晓新闻事件的内容。意味着如果作品在新闻事件中,在进行新闻报道时附带使用了该作品就应当认定为合理使用。例如,在对一场话剧进行新闻报道时,对该话剧的某一片段进行录制并作为新闻内容进行播出,是合理使用。但如果再现或引用的作品与新闻事件没有任何关联,在新闻报道时就不能使用该作品。

四、对时事文章的使用

"报纸、期刊、广播电台、电视台等媒体刊登或者播放其他报纸、期刊、广播电台、电视台等媒体已经发表的关于政治、经济、宗教问题的时事性文章,但著作权人声明不许刊登、播放的除外",这种合理使用的方式可以使公民更好地参与国家民主政治生活,使公民时刻了解国家的政治经济现状。还需要注意的是,该条规定的媒体可转载的对象仅限于时事性文章。该合理使用中的媒体仅指传统国有媒体,不包括网络自媒体。

五、对公众集会上发表的讲话的使用

"报纸、期刊、广播电台、电视台等媒体刊登或者播放在公众集会上发表的

讲话,但作者声明不许刊登、播放的除外",这种合理使用的方式是为了确保公众信息能第一时间向公众传播,以保证公众的知情权。例如,在公开会议上做的政府工作报告,虽然该报告也可能构成作品,但它更重要的意义是使公众了解社会发展现状,向公众传达政府政策信息。该合理使用中的媒体仅指传统国有媒体,不包括网络自媒体。

六、为学校课堂教学或者科学研究的使用

"为学校课堂教学或者科学研究,翻译、改编、汇编、播放或者少量复制已经发表的作品,供教学或者科研人员使用,但不得出版发行",在这种合理使用的方式只要符合"三步检验标准"就是法律所允许的。例如,电影学老师在讲授电影剪辑课时,需要播放一些电影作品,属于无须经权利人许可并支付报酬的行为。翻译、改编、汇编、播放或者少量复制已经发表的作品不能超出一定的限度,如果导致市场替代的现象发生,学校或科研机构不再购买正版,就损害了著作权人的实际利益,不应被视为合理使用。该合理使用中的课堂仅指物理空间的课堂,不包括网络虚拟课堂。实践中,商业培训机构未经许可的复制、发行不构成合理使用。

案例

在北影录音录像公司(简称北影公司)与北京电影学院(简称电影学院)侵害著作权纠纷上诉案中,北影公司取得了小说《受戒》的电影、电视剧改编权、拍摄权。1992年10月,电影学院文学系学生吴琼为完成课程作业,将小说《受戒》改编成电影剧本,并上交电影学院。电影学院经审核,选定该剧本用于当届学生毕业作品的拍摄。电影学院曾就拍摄《受戒》一事通过电话征求过小说作者及北影公司的意见。小说作者表示小说的改编权、拍摄权已转让给北影公司。北影公司未表示同意电影学院拍摄此片。1993年4月,电影学院出资5万元,组织该院八九级学生联合摄制电影《受戒》,当年7月完成后期制作。该片全长30分钟,使用16毫米胶片拍摄,片尾标明"北京电影学院出品"。电影学院曾于当年暑期前后在该院小剧场放映该片两次,用于教学观摩,观众系该院教师及学生。1994年11月,电影学院经有关部门批准,组团携《受戒》等片参加了法国朗格鲁瓦学生电影节。在电影节上,《受戒》一片共放映两次,观众主要为参加电影节的各国学生及教师,亦不排除有当地公民。电影节组委会曾

对外公开销售过少量门票。影片的放映场所系对外公开售票的电影院中的某一放映厅。

法院经审理后认为:根据《中华人民共和国著作权法》规定,为学校的课堂教学,在合理范围内使用他人已发表的作品,可以不经著作权人许可及不向其支付报酬。此规定的目的在于许可学校为课堂教学在一定范围内无偿使用他人作品,以保障教学活动得以顺利进行。电影学院系培养电影人才的艺术院校,其教学方式具有相对的特殊性,故该校为课堂教学使用作品的方式也应与一般院校有所不同,练习拍摄电影应属于该校进行课堂教学活动必不可少的一部分。根据《著作权法》有关规定的精神,电影学院为此使用他人已发表的作品属于合理使用。电影学院组织应届毕业生使用小说《受戒》拍摄电影,其目的是为学生完成毕业作业及锻炼学生的实践能力,在校内放映该片也是为了教学观摩及评定,均为课堂教学必要的组成部分。所以电影学院在以上阶段以上述方式使用作品《受戒》应为合理使用,不构成对北影公司专有使用权的侵犯。需特别指出的是,此种方式的合理使用应严格限于从事电影教学的艺术院校,并仅可在必要的课堂教学范围内进行。电影学院持《受戒》一片参加了朗格鲁瓦国际电影节,无论该电影节的性质如何,参展行为均不属于必不可少的课堂教学活动,故电影学院在电影节上放映使用小说《受戒》改编的影片,超出了为本校的课堂教学而使用的范围。不属于《著作权法》规定的合理使用。因电影节上放映《受戒》一片的场所系公开售票的电影院中的某一放映厅,而电影学院未能举证证明电影节组委会对进入该放映厅的观众采取过限制措施,故不排除有当地观众购票后观看了该片。电影学院使用以小说《受戒》改编的影片参加电影节的行为违反了《著作权法》的有关规定,侵犯了北影公司所享有的对小说《受戒》的专有使用权,给北影公司以同样方式使用该作品的潜在市场造成不利影响,构成侵害。对此电影学院应承担责任。

七、国家机关为执行公务而使用

"国家机关为执行公务在合理范围内使用已经发表的作品",在这种合理使用的方式中,国家机关经常会因执行公务的需要而合理使用已发布作品,如公安机关为尽快破案会找画师绘制犯罪嫌疑人的肖像画,然后会向社会展示和公开传播,这种使用就是为执行公务而合理使用画师的美术作品。

案例

2003 年语文高考试题中使用了胡某某已经发表的作品,但未指明作者姓名,导致作者胡某某向法院提起著作权侵权诉讼。北京市第一中级人民法院做出终审判决,依法驳回了胡某某请求判令教育部考试中心赔偿损失、赔礼道歉的诉讼请求。该案由于涉及高考试题使用他人作品的一系列问题,影响面很大,曾引起社会的广泛关注和业界对问题的思考、研讨。

法院经审理后认为:教育部考试中心在高考试卷中使用胡某某作品的行为,属于国家机关为执行公务在合理范围内使用已经发表的作品的范畴,根据我国《著作权法》有关的规定,可以不经许可,不支付报酬。虽然依照《著作权法》的规定,即使是执行公务的行为,也应当指明所使用作品的作者姓名。但是,实践中在某些情况下,基于条件限制、现实需要或者行业惯例,亦容许特殊情况下的例外存在。如《著作权法实施条例》规定:"使用他人作品的,应当指明作者姓名、作品名称;但是,当事人另有约定或者由于作品使用方式的特性无法指明的除外。"高考是我国具有重大影响的一项选拔考试,关系众多考生。高考试题的命题和设计应当服从于考试选拔的需要,服务于考生利益。在考虑是否指明所使用作品的作者姓名时,同样要考虑具体试题考核测试的需要和考生利益。比如对于文学鉴赏类文章,指明作者姓名会给考生提供一些有用信息,有助于考生对文章的理解和判断,而这也是高考试题命题者所欲实现的考试目的之一,因此指明作者姓名是目前惯常的做法。而语用性文章主要考查考生对文章本身信息的理解和应用能力,仅给出文章内容就已经足够,作者姓名与考核测试目的无关,因此国内外很多考试试题采用对于语用性文章不指明作品作者的习惯性做法。可见,高考试题中使用语用性文章不指明作者姓名的做法正是考虑了高考的特性、试题的考核测试目的、署名对考生的价值及考试中语用性文章署名的一般惯例后选择的一种操作方式,有其合理性。此案中涉及的文章属于语用性文章,考试中心使用该文章设计了高考试题,但由于该使用行为的特殊性,其未指明作者姓名的行为,属于前述例外情形之一,考试中心不构成对胡某某署名权的侵犯。法院同时指出,出于对著作权人的尊重和感谢,考试中心可考虑今后能否在高考结束后,以发函或致电形式对作者进行相应的告知和感谢。

八、文化场馆基于特定需要对馆藏作品的复制

"图书馆、档案馆、纪念馆、博物馆、美术馆、文化馆等为陈列或者保存版本的需要,复制本馆收藏的作品",设置这种合理使用的方式主要是由于图书馆等收藏的某些作品的物质载体经过岁月的洗礼会出现自然耗损,出于向公众继续陈列展览以及作品保护的需要而允许图书馆等机构复制该作品。

由于数字化复制方式的便捷性和经济性可能会对著作权人的合法权益产生影响,因此《信息网络传播权保护条例》第七条对此种合理使用的方式进行了限制:"图书馆、档案馆、纪念馆、博物馆、美术馆等可以不经著作权人许可,通过信息网络向本馆馆舍内服务对象提供本馆收藏的合法出版的数字作品和依法为陈列或者保存版本的需要以数字化形式复制的作品,不向其支付报酬,但不得直接或者间接获得经济利益。当事人另有约定的除外。前款规定的为陈列或者保存版本需要以数字化形式复制的作品,应当是已经损毁或者濒临损毁、丢失,或者其存储格式已经过时,并且在市场上无法购买或者只能以明显高于标定的价格购买的作品。"例如,图书馆的馆藏作品丢失后,只要市场上还有相同的作品在售,图书馆应当通过正规途径进行购买,而不能简单地通过数字化方式加以复制。

九、免费表演

"免费表演已经发表的作品,该表演未向公众收取费用,也未向表演者支付报酬,且不以营利为目的",这种合理使用的方式中的免费表演只适用于自然人对作品公开的活表演,而不包括机械表演,如通过手机播放音乐等。因为在机械表演中,不存在表演者,也没有向表演者支付报酬的问题。

这种合理使用的方式中的免费表演是指双向免费,未向公众收取费用,也未向表演者支付报酬,如高校学生话剧社团编排《雷雨》话剧赴养老院进行免费演出等。

"该表演未向公众收取费用"应当作为广义理解,这里的收取费用并不限于公众观赏表演而支付的费用。在经营性场所表演作品会起到吸引客流量的作用,对商家来说意味着更多的收入,如对于同等条件和价位的西餐厅,一家有钢琴现场表演,另一家则没有,顾客往往会选择有钢琴表演的餐厅就餐。此时,

进行钢琴演奏就是商家招揽顾客的重要手段,如果允许商家免费利用作品增加收益对著作权人是不公平的,这种情形下就不能认定为合理使用。在经营性场所进行类似的表演本质上都是以营利为目的,需要经过著作权人的同意并支付报酬。

十、对公共场所艺术作品的使用

"对设置或者陈列在公共场所的艺术作品进行临摹、绘画、摄影、录像",这种合理使用的方式仅限于临摹、绘画、摄影、录像这种非接触式的平面复制,不包括立体复制,接触式的平面复制如拓印等需要经过权利人的许可。根据最高人民法院《关于审理著作权民事纠纷案件适用法律若干问题的解释》的规定,室外社会公众活动处所艺术作品的临摹、绘画、摄影、录像人对该合理使用方式获得的成果在合理的方式和范围再行使用,不构成侵权。

何为"在合理的方式和范围再行使用"呢?首先,对于设置或陈列在公共场所的平面美术作品,如绘画和书法等,通过临摹或摄影等方式进行平面到平面的非接触性的复制后,再将由此形成的平面复制件或演绎作品进行从平面到平面的复制行为,如制作成明信片等进行销售,不再属于合理使用,构成侵权。这是由于著作权人使用平面美术作品的方式本身就较为单一,第三人以相同的方式复制或传播作品与原来的公共艺术品处于同一维度,这样的使用就替代了原作品的市场,与原作品产生了直接的竞争,因此需要经过许可;其次,对于设置或陈列在公共场所的雕塑、建筑等立体艺术作品进行立体到平面的非接触性的复制后,再对此形成的照片、绘图等平面复制件进行商业使用,属于一个物的两个维度去呈现艺术作品,没有形成直接的竞争关系,如制作成明信片等属于合理使用;最后,对于设置或陈列在公共场所的雕塑、建筑等立体艺术作品进行立体到平面的非接触性的复制后,再根据形成的照片、绘图等平面复制件进行平面到立体的复制行为,如按比例缩放制作相同或类似的雕塑、建筑等,不再属于合理使用。

最高人民法院《关于充分发挥知识产权审判职能作用推动社会主义文化大发展大繁荣和促进经济自主协调发展若干问题的意见》第八条规定:"对设置或者陈列在室外社会公共场所的艺术作品进行临摹、绘画、摄影或者录像,并对其成果以合理的方式和范围再行使用,无论该使用行为是否具有商业目的,均可认定为合理使用。"因此,公共场所被限定在室外社会公共场所,室内公共场所不适应该合理使用制度。

案例

"五月的风"雕塑作品位于青岛市五四广场,是原告山东天笠广告有限责任公司接受他人委托创作的委托作品,原告为著作权人。因被告青岛海信通信有限公司未经许可,擅自将"五月的风"的图案设置在其所生产的海信 C2101型手机显示屏中,原告以被告侵害了其著作权为由诉至法院,请求判令被告停止侵权、赔礼道歉、赔偿经济损失 30 万元,并承担诉讼费。

法院经审理后认为:《著作权法》保护著作权人的权利,但同时设定了合理使用制度,对著作权人的权利进行了限制。根据最高人民法院《关于审理著作权民事纠纷案件适用法律若干问题的解释》的规定,对设置或者陈列在室外社会公众活动处所的雕塑、绘画、书法等艺术作品进行临摹、绘画、摄影、录像的,可以对其成果以合理的方式和范围再行使用,不构成侵权。因本案中"五月的风"雕塑不仅是设置在室外社会公众活动处所,且位于青岛市五四广场,已成为青岛市的标志性雕塑作品。本案被告在其生产的手机中虽然使用了"五月的风"雕塑图像,但是被告是将该图像用作手机的几种壁纸中的一种使用,且壁纸图像整体反映的是五四广场风光,"五月的风"雕塑图像只是其中一部分内容,该使用方式对手机的价值不会产生影响,且被告使用"五月的风"雕塑图像未造成对原告作品的歪曲、丑化,亦未影响原告作品的正常使用,因此,被告对原告作品的使用属于法定的合理使用范畴,被告的使用可以不经著作权人许可,不向其支付报酬。故被告的行为不构成侵权,原告的主张不能成立,法院不予支持。据此,判决驳回原告的诉讼请求。

十一、制作少数民族语言文字作品的使用

"将中国公民、法人或者非法人组织已经发表的以国家通用语言文字创作的作品翻译成少数民族语言文字作品在国内出版发行",这种合理使用的立法目的是为了提高少数民族地区人民的受教育程度,促进少数民族地区的经济文化发展。该合理使用的使用范围限定于将中国公民、法人或者非法人创作完成的汉语作品翻译成中国少数民族的语言文字作品在中国国内出版发行,意味着将外国人创作的作品翻译成中国少数民族的语言文字作品需要权利人的许可。

十二、制作无障碍版作品的使用

"以阅读障碍者能够感知的无障碍方式向其提供已经发表的作品",该合理使用的方式与《关于为盲人、视力障碍者和其他印刷品阅读障碍者获得已出版作品提供便利的马拉喀什条约》的规定保持一致,为我国加入该国际条约扫清了法律障碍。

"向阅读障碍者提供已经发表的作品"中的提供的方式不限于发行和信息网络传播行为。在视障者聚集的医疗或康复机构,可以不经权利人许可,由演员向其表演作品,或者通过机械装置向视障者播放作品。该合理使用中的"作品"不限制作品类型,包括视听作品,提供的方式也应包括放映行为。同时"作品"的来源不分国籍,既包括中国人创作的作品,也包括外国人创作的作品。

十三、其他情形

《著作权法》中增加了无须经权利人许可、无须付费即可利用作品的兜底条款,即"法律、行政法规规定的其他情形"。

第二节　法定许可

法定许可是指根据法律的特殊规定,特定的法律主体在符合特定条件的情况下可以不经著作权人许可而使用已发表的作品,但应当向著作权人支付合理报酬的制度。要符合法定许可的情形,需要满足以下构成要件:第一,仅限于已经发表的作品;第二,仅限于法律明文规定的特殊法律主体,包括报纸和期刊社、广播电台和电视台、录音制品制作者、为实施国家义务教育所编写教科书的出版者;第三,仅限于法律规定的特殊使用方式;第四,使用时需要向著作权人支付合理报酬。

一、报刊转载的法定许可

《著作权法》第三十五条第二款规定:"作品刊登后,除著作权人声明不得转载、摘编的,其他报刊可以转载或者作为文摘、资料刊登,但应当按照规定向著作权人支付报酬。"其中"转载"是指将已在其他报刊上发表的作品原封不动或略有变动地在自己的报刊上刊发,"摘编"是指对原作品内容的摘取和缩写。该法定许可的方式是对文字作品著作权人复制权的限制,立法者希望通过该规定在保证权利人获取合理收益的情况下,通过报刊转载的方式促进文化的传播。

需要注意的是,该法定许可的方式只适用于报刊之间的互相转载,不适用于书籍之间以及书籍和报刊之间的互相转载,网络未经许可转载已发表作品,一般也构成侵权。最高人民法院《关于审理著作权民事纠纷案件适用法律若干问题的解释》第十七条规定:"转载未注明被转载作品的作者和最初登载的报刊出处的,应当承担消除影响、赔礼道歉等民事责任。"报刊转载的法定许可不能扩大至互联网领域,如知乎、博客、BBS 论坛等网络平台不能未经权利人许可转载、摘编报刊和其他网络媒体刊登的作品,否则构成侵权。与此同时,报刊在进行转载时不能侵犯权利人的其他合法权益,应当尊重权利人的署名权、保护作品完整权等人身性权利,不能歪曲、篡改原作者的观点,影响原作者的声誉。

报刊转载的法定许可虽然允许使用人可以不经权利人许可使用作品,但仍需支付合理的报酬。《使用文字作品支付报酬办法》第十三条规定:"报刊依照《中华人民共和国著作权法》的相关规定转载、摘编其他报刊已发表的作品,应当自报刊出版之日起 2 个月内,按每 1000 字 100 元的付酬标准向著作权人支付报酬,不足 500 字的按 1000 字作半计算,超过 500 字不足 1000 字的按 1000 字计算。报刊出版者未按前款规定向著作权人支付报酬的,应当将报酬连同邮资以及转载、摘编作品的有关情况送交中国文字著作权协会代为收转。中国文字著作权协会收到相关报酬后,应当按相关规定及时向著作权人转付,并编制报酬收转记录。报刊出版者按前款规定将相关报酬转交给中国文字著作权协会后,对著作权人不再承担支付报酬的义务。"

二、制作录音制品的法定许可

《著作权法》第四十二条第二款规定:"录音制作者使用他人已经合法录制为录音制品的音乐作品制作录音制品,可以不经著作权人许可,但应当按照规定支付报酬;著作权人声明不许使用的不得使用。"该法定许可的立法目的是为了防止大唱片公司对音乐作品传播的垄断。

需要注意的是,制作录音制品的法定许可只能适用于已经合法录制为录音制品的音乐作品,如果音乐作品还尚未被合法录制为录音制品,如仅在网络上进行传播,在电影、电视剧作品中作为配乐而使用等情形,是不能被视为已经合法录制为录音制品的音乐作品。

制作录音制品的法定许可限制的是将音乐作品制作成录音制品出版发行所涉及的音乐作品著作权人的复制权和发行权,并不限制表演者和录音制品制作者享有的复制权和发行权。如果直接翻录已经制作好的录音制品,或在翻录基础上进行技术加工制成新的录音制品出版发行,会构成对表演者和前述录音制品制作者复制权和发行权的侵犯。换言之,制作录音制品的法定许可只允许使用音乐作品的词曲本身,如果要根据制作录音制品的法定许可制作新的录音制品,需要自己重新组建音乐团队,与表演者签约进行录制。

1992年,国务院批准成立了中国音乐著作权协会(以下简称音著协)。该协会是我国依法设立的音乐著作权集体管理组织,使用音著协管理的音乐作品,须向音协支付报酬。根据法定许可使用他人音乐作品制作录音制品的制作者应在使用之日起两个月内向音著协支付使用费,由音著协转交会员。根据音著协目前制定的使用费标准,非首次制作录音制品的,按照法定许可收费标准即批发单价×版税率3.5%×录音制品制作数量计算。批发价不确定的,比照市场同类制品的批发价计算。音乐作品的长度超过5分钟的,每增加5分钟按增加一首音乐作品计算使用费(不足5分钟的按5分钟计算)。

案例

最高人民法院再审洪如丁、韩伟诉广东大圣文化传播有限公司侵犯著作权纠纷案。《打起手鼓唱起歌》是施光南作曲、韩伟作词的音乐作品。本案提起诉讼时施光南先生已逝,本案原告洪如丁是他的妻子。大圣公司与广州音像出版社于2004年12月3日签订音像制品合作出版合同,约定由广州音像出版社制作、出版发行《喀什噶尔胡杨》专辑录音制品。该录音制品收录翻唱了《打起手鼓唱起歌》并向音著协交费。洪如丁、韩伟以大圣公司等未取得其许可,复制、发行上述音像制品,侵犯著作权为由,诉至法院。经过一审、二审程序后,最高法院再审该案指出:"经著作权人许可制作的音乐作品的录音制品一经公开,其他人再使用该音乐作品另行制作录音制品并复制、发行,不需要经过音乐作品的著作权人许可，但应依法向著作权人支付报酬。"

三、广播电台、电视台播放已发表作品的法定许可

《著作权法》第四十六条第二款规定："广播电台、电视台播放他人已发表的作品，可以不经著作权人许可，但应当按照规定支付报酬。"《著作权法》第四十八条规定："电视台播放他人的视听作品、录像制品，应当取得视听作品著作权人或者录像制作者许可并支付报酬；播放他人的录像制品，还应当取得著作权人许可并支付报酬。"广播电台、电视台播放已发表作品的法定许可的立法目的是在不影响著作权人经济利益的情况下，通过电台、电视台的广播行为扩大作品的传播力度。广播电台、电视台播放他人已发表的作品（视听作品、录像制品除外），可以不经著作权人许可，但应当按照规定支付报酬。

广播电台、电视台播放已出版的录音制品，是否需要经过作品著作权人的许可呢？举例说明：作者张三创作了一首歌曲，歌手李四进行了演唱，甲唱片公司录制了李四的演唱并出版了 CD，若电视台此时要在节目中播放这张 CD，首先无须经过李四和甲唱片公司的许可，因为《著作权法》没有给表演者和录音制作者规定针对已录制表演和录音制品的广播权，此时只有作者张三享有广播权。《著作权法》第四十六条第二款规定："广播电台、电视台播放他人已发表的作品，可以不经著作权人许可，但应当按照规定支付报酬。"显然，如果录有张三作品的录音制品已经发表，也无须经过张三的许可。

四、编写出版教科书的法定许可

《著作权法》第二十五条第一款规定："为实施义务教育和国家教育规划而编写出版教科书，可以不经著作权人许可，在教科书中汇编已经发表的作品片段或者短小的文字作品、音乐作品或者单幅的美术作品、摄影作品、图形作品，但应当按照规定向著作权人支付报酬，指明作者姓名或者名称、作品名称，并且不得侵犯著作权人依照本法享有的其他权利。"《著作权法》第二十五条第二款规定："前款规定适用于对与著作权有关的权利的限制。"编写出版教科书的法定许可的立法目的是在不影响著作权人经济利益的情况下，促进义务教育和国家教育规划的实施。关于报酬的支付数额，参见《教科书法定许可使用作品支

付报酬办法》：① 文字作品，每千字 300 元，不足千字的按千字计算；② 音乐作品，每首 300 元；③ 美术作品、摄影作品，每幅 200 元，用于封面或者封底的，每幅 400 元；④ 在与音乐教科书配套的录音制品教科书中使用的已有录音制品，每首 50 元。

编写出版教科书的法定许可对作品使用的目的进行了严格的限制，只适用于为实施义务教育和国家教育规划而编写的教科书，为编写社会培训教材不能适用该制度。与此同时，编写者还要注意作品使用的种类，只限于已经发表的作品片段或者短小的文字作品、音乐作品或者单幅的美术作品、摄影作品、图形作品。

五、制作和提供课件的法定许可

《信息网络传播权保护条例》第八条规定："为通过信息网络实施九年制义务教育或者国家教育规划，可以不经著作权人许可，使用其已经发表作品的片段或者短小的文字作品、音乐作品或者单幅的美术作品、摄影作品制作课件，由制作课件或者依法取得课件的远程教育机构通过信息网络向注册学生提供，但应当向著作权人支付报酬。"该法定许可与编写出版教科书的法定许可的立法目的相同，都是在不影响著作权人经济利益的情况下，促进义务教育和国家教育规划的实施。

六、通过网络向农村地区提供特定作品的准法定许可

《信息网络传播权保护条例》规定了一种准法定许可，为了满足农村地区基本文化的需要。《信息网络传播权保护条例》第九条规定："为扶助贫困，通过信息网络向农村地区的公众免费提供中国公民、法人或者其他组织已经发表的种植养殖、防病治病、防灾减灾等与扶助贫困有关的作品和适应基本文化需求的作品，网络服务提供者应当在提供前公告拟提供的作品及其作者、拟支付报酬的标准。自公告之日起 30 日内，著作权人不同意提供的，网络服务提供者不得提供其作品；自公告之日起满 30 日，著作权人没有异议的，网络服务提供者可以提供其作品，并按照公告的标准向著作权人支付报酬。网络服务提供者提供著作权人的作品后，著作权人不同意提供的，网络服务提供者应当立

即删除著作权人的作品，并按照公告的标准向著作权人支付提供作品期间的报酬。"

第三节　著作权保护期限

著作权保护期是指著作权人对作品享有专有权的有效期限。在保护期内，他人若使用作品首先需要得到著作权人的同意，否则构成侵权。保护期限届满，作品进入公有领域，人们便可无偿使用作品。

《著作权法》第二十二条规定："作者的署名权、修改权、保护作品完整权的保护期不受限制。"《著作权法》第二十三条第一款规定："自然人的作品，其发表权、本法第十条第一款第（五）项至第（十七）项规定的权利的保护期为作者终生及其死亡后50年，截至作者死亡后第50年的12月31日；如果是合作作品，截至最后死亡的作者死亡后第50年的12月31日。"《著作权法》第二十三条第二款规定："法人或者非法人组织的作品、著作权（署名权除外）由法人或者非法人组织享有的职务作品，其发表权的保护期为50年，截至作品创作完成后第50年的12月31日；本法第十条第一款第五项至第十七项规定的权利的保护期为50年，截至作品首次发表后第50年的12月31日，但作品自创作完成后50年内未发表的，本法不再保护。"《著作权法》第二十三条第三款规定："视听作品，其发表权的保护期为50年，截至作品创作完成后第50年的12月31日；本法第十条第一款第五项至第十七项规定的权利的保护期为50年，截至作品首次发表后第50年的12月31日，但作品自创作完成后50年内未发表的，本法不再保护。"《著作权法实施条例》第十八条规定："作者身份不明的作品，其著作权法第十条第一款第（五）项至第（十七）项规定的权利的保护期截至作品首次发表后第50年的12月31日。作者身份确定后，适用《著作权法》第二十三条的规定。"《著作权法实施条例》第十五条规定："作者死亡后，其著作权中的署名权、修改权和保护作品完整权由作者的继承人或者受遗赠人保护。著作权无人继承又无人受遗赠的，其署名权、修改权和保护作品完整权由著作权行政管理部门保护。"

根据法律的规定，著作人身权中的署名权、修改权、保护作品完整权的保护期不受限制,著作权人死亡后,署名权、修改权和保护作品完整权由作者的继承人或者受遗赠人保护(并非享有),无人继承且无人受遗赠的,由著作权行政管理部门保护。关于著作人身权中的发表权和著作财产权的保护期限,若作品是由自然人原始取得的,保护期为作者终生及其死亡后 50 年,截至作者死亡后第 50 年的 12 月 31 日。若作品是由法人或者非法人组织原始取得的,发表权的保护期为 50 年,截至作品创作完成后第 50 年的 12 月 31 日,著作财产权的保护期为 50 年,截至作品首次发表后第 50 年的 12 月 31 日,但作品自创作完成后 50 年内未发表的,《著作权法》不再保护。

像电影等视听作品,著作人身权中的发表权保护期为 50 年,截至作品创作完成后第 50 年的 12 月 31 日,著作财产权保护期为 50 年,截至作品首次发表后第 50 年的 12 月 31 日,但作品自创作完成后 50 年内未发表的,《著作权法》不再保护。关于匿名作品,保护期截至作品首次发表后第 50 年的 12 月 31 日。作者身份确定后,适用《著作权法》第二十三条的规定。

案例

画家甲绘制完成油画《美丽的大海》后,将油画全部著作财产权转让给乙展览馆。

问题

油画《美丽的大海》的著作财产权保护期如何起算?

参考结论

画家甲终生及其死亡后 50 年,截至甲死亡后第 50 年的 12 月 31 日。油画《美丽的大海》由自然人甲原始取得著作权,其著作财产权的保护期不因乙展览馆受让著作权而产生影响。

第七章
著作权的许可与转让

第一节　著作权的许可

一、著作权许可的概念

著作权许可是指著作权人在保留其著作权人身份的前提下将著作财产权中的一项或多项权利许可他人使用,并向被许可人收取一定数额使用费的行为。

《著作权法》第二十六条规定:"使用他人作品应当同著作权人订立许可使用合同,本法规定可以不经许可的除外。许可使用合同包括下列主要内容:① 许可使用的权利种类;② 许可使用的权利是专有使用权或者非专有使用权;③ 许可使用的地域范围、期间;④ 付酬标准和办法;⑤ 违约责任;⑥ 双方认为需要约定的其他内容。"

关于许可使用的权利种类,著作权财产权包含多项权能,许可合同应当明确授权许可的具体权利类别,如果是授权改编的,应当明确改编的具体形式。

关于许可使用的权利是专有使用权或者非专有使用权。《著作权法实施条例》第二十四条规定:"专有使用权的内容由合同约定,合同没有约定或者约定不明的,视为被许可人有权排除包括著作权人在内的任何人以同样的方式使用作品;除合同另有约定外,被许可人许可第三人行使同一权利,必须取得著作权人的许可。"因此,专有使用权是指权利人仅允许一个主体以某种方式使用权利人的作品,在合同期限内既不能另行授权,权利人自己也不能使用。非专有使用指权利人在对某一主体进行授权后,仍可以向其他主体进行授权使用自己的作品。对于专有使用权人而言,虽然其并非权利主体,但他可以直接利害关系人身份,以自己专有使用权遭受侵害为由,提起诉讼,要求侵权人停止侵权,赔偿损失。目前,专有许可的被许可人起诉获得支持的判例大量存在。而对于非专有使用权人而言,其诉讼一般很难得到支持。《著作权法实施条例》第二十三条规定:"使用他人作品应当同著作权人订立许可使用合同,许可使用的权利是专有使用权的,应当采取书面形式,但是报社、期刊社刊登作品除外。"

关于许可使用的地域范围、期间,地域范围通常与作品的类型相关,图书出版合同一般限定在国内发行,像现场直播类节目一般限制在一定的信号覆盖范围区间内。作品的使用期限往往会在合同内进行明确的约定,图书出版合同一般期限比较长,而表演合同、播放合同期限比较短。

关于付酬标准和办法,著作权的付酬办法主要有三种形式,一是固定报酬制,二是稿酬制,三是版税制。固定报酬制是指合同双方约定一个固定的金额,该金额的支付不受作品市场销售状况的影响,著作权人可以稳定地获取一定的收益而不用承担额外的风险,与此同时如果作品特别畅销也不会因此获取更多的收益。稿酬制适用于文字作品,以实际交付作品的字数为基础支付报酬,通常以千字为单位。版税制是以作品的单位定价乘以发行数量再乘以版税率,以此确定付酬金额,该金额以作品的市场销量为基础,反映了作品的市场畅销情况。如果当事人合同中付酬标准约定不明确的,按照国家著作权主管部门会同有关部门制定的付酬标准支付报酬。

二、几种特殊的著作权许可使用合同

实务中,著作权许可使用合同的种类有很多,如出版合同、表演合同、广播合同、改编合同等。使用他人作品应当同著作权人订立许可使用合同,《著作权法》规定可以不经许可的除外。许可使用合同包括下列主要内容:① 许可使用的权利种类;② 许可使用的权利是专有使用权或者非专有使用权;③ 许可使用的地域范围、期间;④ 付酬标准和办法;⑤ 违约责任;⑥ 双方认为需要约定的其他内容。《著作权法》目前仅规定了图书出版合同和报刊出版合同两类具体的许可使用合同,以下将对此两种合同进行说明。

（一）图书出版合同

图书出版合同是出版者与著作权人签订的关于作品出版发行的协议。图书出版合同的特征在于：出版包括复制和发行行为，作者按合同要求向出版社交付稿件，出版社自负盈亏独立承担图书的复制、发行等责任。在实务中，如果合同约定出版费用由作者承担或出版社与作者共同承担，该合同是合作合同或劳务合同，不属于出版合同。明确出版合同的定性能够有效地保障著作权人权利的行使和保证出版行业的规范。作者将作品的复制权和发行权许可给出版社，出版社通过合同取得授权后便负有对作品进行复制和发行的义务。图书的出版发行是一个专业化的过程，需要投入一定的物质技术条件和资金。由于出版的费用和风险是由出版社独自承担，因此出版合同具有专有性和长期性的特点。出版者基于出版合同取得较为长期的专有出版权，在期限范围内可以不受作者的干扰，能禁止其他人对作品进行复制和发行。因此，专有出版权应当来自出版合同，签订合作合同、劳务合同的出版者不享有专有出版权。在实务中，作者授予出版社的出版权通常就是专有出版权。《著作权法》第三十三条规定："图书出版者对著作权人交付出版的作品，按照合同约定享有的专有出版权受法律保护，他人不得出版该作品。"取得专有出版权的图书出版者只能自己出版，不能许可他人再次出版，他人若以相同方式出版具有专有出版权图书的，不仅损害了作者的权益还侵犯了该图书出版者的权利。

根据《著作权法》的规定，著作权人应当按照合同约定期限交付作品。图书出版者应当按照合同约定的出版质量、期限出版图书。图书出版者不按照合同约定期限出版，应当依法承担民事责任。图书出版者重印、再版作品的，应当通知著作权人，并支付报酬。图书脱销后，图书出版者拒绝重印、再版的，著作权人有权终止合同。图书出版者经作者许可，可以对作品修改、删节。

（二）报刊出版合同

报刊出版合同是报纸、期刊出版者与作者签订的刊登作品以及支付相应报酬的协议。通常情况下，报刊出版者在发布的征稿启事中会列明稿件征集、录用的基本条件，性质属于要约邀请。作者向报刊投稿意味着向报刊出版者发出了要约，报刊出版者录用了稿件意味着做出了承诺，此时报刊出版合同成立，征稿启事中的内容就成了合同中的条款，对合同双方具有约束力。除此之外，《著作权法》对报刊出版进行了如下规定。

第一，法定期间内禁止一稿多投。作者在向报纸、期刊所投的稿件往往具有较强的时效性，因此作者往往希望报刊出版者能尽早决定自己的稿件是否被录用，如果不被录用便可尽早转投其他报刊。而站在报纸、期刊的角度，报刊出版者为保证报刊的质量，一方面不希望作者一稿多投，另一方面又希望拥有较长时间的审稿时间。为解决这个矛盾，《著作权法》第三十五条第一款规定："著作权人向报社、期刊社投稿的，自稿件发出之日起 15 日内未收到报社通知决定刊登的，或者自稿件发出之日起 30 日内未收到期刊社通知决定刊登的，可以将同一作品向其他报社、期刊社投稿。双方另有约定的除外。"立法者规定了一个法定期间，在其间范围内报刊出版者如果没有给作者答复，法定期间一到作者就可以再选择其他机构进行投稿。

第二，报刊出版者转载摘编的法定许可。《著作权法》第三十五条第二款规定："作品刊登后，除著作权人声明不得转载、摘编的外，其他报刊可以转载或者作为文摘、资料刊登，但应当按照规定向著作权人支付报酬。"如果著作权人在刊登时没有不得转载、摘编的声明，报刊就可以通过法定许可的方式使用该作品。在实务中，某些刊物会发表声明："凡本刊发表之作品，均由本刊享有专有出版权，若未经本刊同意，一律不得转载或摘编。"对于这样的声明，法律的效力是值得商榷的，因为没有作者的授权，会有越俎代庖之嫌。

第三，报刊出版者对作品进行文字性的修改。《著作权法》第三十六条第二款规定："报社、期刊社可以对作品作文字性修改、删节。对内容的修改，应当经作者许可。"这里提到的文字性修改是指在不涉及作品实质内容和观点变动的基础上进行的技术性修正，可以核实数据材料的真实性、纠正错别字、纠正语法上的错误等。对作品实质内容的修改，属于作者修改权的范畴，需要经过作者的同意。

第二节　著作权的转让

著作权的转让是指作者或其他著作权人将著作财产权中的一项或几项通过签订合同的方式转移给其他人所有。著作权转让和许可的区别在于：转让会使得作者永久性地失去部分著作权权利，受让人取得部分著作权权利，而许可使用只是使用权和作者暂时分离,被许可人在一定期限内可以行使部分权利。

为了保障作者的实际权益,《著作权法》关于转让作了以下规定。第一,转让仅限定在著作财产权,著作人身权不具有可转让性。第二,著作权转让应当订立书面合同,权利转让合同包括下列主要内容:① 作品的名称;② 转让的权利种类、地域范围;③ 转让价金;④ 交付转让价金的日期和方式;⑤ 违约责任;⑥ 双方认为需要约定的其他内容。如果转让未签订书面合同,则视为著作权未让与。第三,转让合同中须明确转让的具体权利类别,若转让合同未约定或约定不明,受让人就没有取得未约定的权利。

第八章
著作权集体管理

第一节　著作权集体管理的概念

著作权集体管理是著作权行使的一种方式,是指著作权集体管理组织根据著作权人的授权,将取得的众多著作权集中起来以自己的名义单独进行著作权许可、收取许可使用费并向著作权人分配收益的统一管理行为。著作权集体管理中的管理并不是国家行政机关根据行政权限实施的行政管理,而是非营利组织对私权利进行的经营性管理,这些非营利组织被称为"集体管理组织"。

著作权集体管理组织起源于法国,设立的初衷是希望通过集体的力量来维护著作权人个体的利益。很多情况下,著作权人要想实现系统的权利管理难度比较大,当作品使用人数量多且比较分散时,权利人要进行逐一授权是比较困难的。通过著作权许可获取收益是著作权人的重要权利,该权利如果无法实现将严重影响著作权人创作的积极性。与此同时,著作权人如果是自然人,在和专业机构进行谈判时往往处于弱势,付出的谈判成本也比较高。在此背景下,著作权集体管理组织便应运而生。著作权集体管理组织通过集中发放许可、集中收取使用费、集中分配报酬等方式极大地方便了权利人和使用人,促进了著作权交易市场的繁荣。

第二节　我国的著作权集体管理组织

我国于 2001 年引入了著作权集体管理制度。《著作权法》第八条规定："著作权人和与著作权有关的权利人可以授权著作权集体管理组织行使著作权或者与著作权有关的权利。依法设立的著作权集体管理组织是非营利法人，被授权后可以以自己的名义为著作权人和与著作权有关的权利人主张权利，并可以作为当事人进行涉及著作权或者与著作权有关的权利的诉讼、仲裁、调解活动。著作权集体管理组织根据授权向使用者收取使用费。使用费的收取标准由著作权集体管理组织和使用者代表协商确定，协商不成的，可以向国家著作权主管部门申请裁决，对裁决不服的，可以向人民法院提起诉讼；当事人也可以直接向人民法院提起诉讼。著作权集体管理组织应当将使用费的收取和转付、管理费的提取和使用、使用费的未分配部分等总体情况定期向社会公布，并应当建立权利信息查询系统，供权利人和使用者查询。国家著作权主管部门应当依法对著作权集体管理组织进行监督、管理。著作权集体管理组织的设立方式、权利义务、使用费的收取和分配，以及对其监督和管理等由国务院另行规定。"

根据《著作权法》的规定，著作权集体管理组织在定性上其属于非营利法人，不得以营利为目的进行著作权的管理，收费标准以协商为主，协商不成的可以申请裁决或诉讼。著作权集体管理组织需要加快建立权利信息查询系统，完善我国著作权许可交易的短板，同时信息需要透明公开并接受公众监督。

我国的著作权集体管理组织通常按照作品的类别成立集体管理协会，目前有中国文字著作权协会、中国音乐著作权协会、中国音像著作权集体管理协会、中国摄影著作权协会和中国电影著作权协会五大协会组织。

中国文字著作权协会（以下简称协会）是依据《中华人民共和国著作权法》和国务院颁布的《著作权集体管理条例》，由中国作家协会、国务院发展研究中心等 12 家著作权人比较集中的单位和陈建功等 500 多位我国各领域著名的著作权人共同发起，并于 2008 年 10 月 24 日在北京成立。协会是以维护著作权人合法权益为宗旨，从事著作权服务、保护和管理的非营利性社会团体，已获得国家版权局正式颁发的《著作权集体管理许可证》，是我国唯一的文字作品著作权集体管理机构。

中国音乐著作权协会（简称音著协）成立于 1992 年 12 月 17 日，是由国家版权局和中国音乐家协会共同发起成立的目前中国大陆唯一的音乐作品著作权集体管理组织,是专门维护作曲者、作词者和其他音乐著作权人合法权益的非营利性机构。音著协依据《中华人民共和国著作权法》第八条、《著作权集体管理条例》以及协会章程开展各项工作。截至 2020 年底,音著协国内会员总数已达 10633 人,包括作曲者、作词者、继承人以及其他合法拥有音乐著作权的个人及团体。根据会员授权、与海外同类协会签订相互代表协议等方式,音著协管理着世界范围内 300 多万词曲作者的超过 1400 万首音乐作品的著作权,具体权利项包括复制权、表演权、广播权和信息网络传播权等。音著协总部设在北京,依据各项职能划分,音著协下设会员部、作品资料部、表演权许可业务部、复制权许可业务部、广播权许可业务部、法务部、信息宣传部、分配与技术部、财务与总务部,共 9 个职能部门。在国际合作方面,音著协于 1994 年 5 月加入了国际作者和作曲者协会联合会(CISAC)。2007 年 6 月,音著协成为国际影画乐曲复制权协理联会(BIEM)成员。2012 年 10 月,音著协加入国际复制权联合会(IFRRO)。在国际著作权保护体系的框架下,音著协已与 70 多个国家和地区的同类组织签订了相互代表协议。

中国音像著作权集体管理协会是经国家版权局正式批准成立(国权〔2005〕30 号文)、民政部注册登记的我国唯一的音像著作权集体管理组织,依法享有音像节目著作权或者与著作权有关的权利人自愿结成的全国性、行业性社会团体,是非营利性社会组织。协会的业务范围包括:依法与会员签订音像著作权集体管理合同;根据会员的授权以及相关法律法规,与音像节目的使用者签订使用合同,收取使用费;将收取的音像著作权使用费向会员分配;就侵犯本会管理的音像节目著作权的行为,向著作权行政管理部门申请行政处罚或提起法律诉讼及仲裁等;为促进中国音像节目著作权在海外的权利受到保护以及海外音像节目在中国内地的权利受到保护,与海外同类组织签订相互代表协议;促进我国音像著作权保护水平的提高,规范市场行为,为权利人和使用者提供有关的业务咨询和法律服务,并向政府有关部门提出相关建议;加强与音像节目权利人和使用者的联系,发布音像节目和有关音像著作权集体管理的信息;开展与音像著作权集体管理有关的研讨、交流活动;依照有关规定,经批准,对音像产业繁荣发展有贡献的单位和个人进行奖励;开展其他符合本会宗旨的活动。业务范围中属于法律法规规章规定须经批准的事项,依法经批准后开展。

中国摄影著作权协会是由中国摄影家协会联合全国性摄影团体和著名摄影家发起,经国家版权局同意,报国务院总理办公会批准成立的国家一级社团及非营利性组织。协会由国家新闻出版广电总局主管。作为国家政府唯一指定的摄影著作权管理机构,以维护著作权人合法权益,促进摄影作品的创作和传播为宗旨。通过著作权管理和举办展览、培训、影赛、作品限量鉴证(交易)等活动,推动摄影繁荣和文化发展。

中国电影著作权协会的前身是 2005 年 8 月成立的中国电影版权保护协会。经原国家广播电影电视总局同意并报原新闻出版总署(国家版权局)审核,于 2009 年 7 月批准中国电影版权保护协会由行业维权组织转变为著作权集体管理组织。2009 年 10 月,经民政部审批,正式更名为中国电影著作权协会,简称影著协。影著协是全中国合法从事电影创作、生产、经营的企业法人和个人自愿组成的非营利性社会团体,是中国电影作品权利人唯一的著作权集体管理组织。其基本宗旨和主要任务是依据《中华人民共和国著作权法》和《著作权集体管理条例》,经权利人授权,集中行使权利人的有关权利,并以自己的名义与使用者签订著作权许可使用合同,向使用者收取使用费,向权利人转付使用费,进行涉及著作权及与著作权有关的权利的诉讼、仲裁等,从而维护权利人的合法权益,推动中国电影产业的发展和繁荣。

我国的著作权集体管理组织的性质为非营利组织,在机构运营过程中取得的收益在扣除必要费用外,应当全部返还著作权人。不能返还的,应当用于法定的文化促进事业,例如建立为著作权人服务的文化发展基金。判断营利或非营利的标准是有关机构是否将自己拥有或管理的资金用于投资,并将投资收益向成员分配利润。我国的著作权集体管理组织对于其收取的使用费和其他资产,不能用于投资活动。

案例

2013 年 4 月 24 日,北京市海淀区人民法院公开宣判了原告中国音乐著作权协会(简称音著协)诉被告北京十月天文化传媒有限公司(简称十月天公司)侵犯著作权纠纷一案,法院判决驳回了音著协的全部诉讼请求。

该案中,音著协认为十月天公司未经许可,未支付报酬,在其举办的"你必须幸福——郑钧 2010 北京演唱会"中使用了音著协受托管理的音乐作品《天下没有不散的筵席》,侵犯了著作权人的表演权,故起诉十月天公司,要求其赔偿经济损失及诉讼合理支出共计 36671.3 元。

十月天公司以郑钧在其本人的演唱会中演唱其自己的作品并未侵犯郑钧的著作权、《著作权集体管理条例》第二十条不适用于音著协与郑钧之间签订的管理合同为主要抗辩理由,不同意音著协的全部诉讼请求。

法院经审理认为:郑钧为涉案音乐作品《天下没有不散的筵席》的词、曲著作权人。音著协虽受郑钧委托管理其音乐作品的表演权,但音著协成立的初衷系为避免著作权人难以控制其权利,起到沟通著作权人与作品使用者的桥梁作用,而非著作权人使用本人作品、行使其自身权利时仍需经音著协许可并支付费用。同时,音著协与郑钧之间为合同关系,双方合同中并无排除郑钧本人行使自己权利的约定。《著作权集体管理条例》第二十条虽规定权利人与著作权集体管理组织订立著作权集体管理合同后,不得在合同约定期限内自己行使或者许可他人行使合同约定的由音著协行使的权利,但音著协与郑钧签订管理合同的时间早于《著作权集体管理条例》施行十年,管理合同中并未明确约定合同签订后,郑钧不得在合同约定期限内自己行使或者许可他人行使合同约定的由音著协行使的权利,如音著协认为后出台的《著作权集体管理条例》第二十条之规定应适用于该合同,而该规定系为限制郑钧权利的内容,则音著协应在向郑钧明确释明该规定及其含义、且郑钧明确表示同意后与郑钧补签相应合同条款,而不是在有违意思自治原则的情况下,该规定当然地适用于双方管理合同,自动对郑钧的权利加以限制。十月天公司与郑钧的经纪公司签订了《演出合同》并向其支付报酬,郑钧也实际应邀出席了演唱会并表演了其自己的作品,十月天公司有理由相信郑钧有权演唱其自己的音乐作品,无须经他人另行许可并支付作品使用费,十月天公司不具有侵权的主观过错,并未构成侵权。故法院最终判决驳回了音著协的全部诉讼请求。

案例

2018 年 12 月 19 日,北京海淀法院审结了中国文字著作权协会(简称文著协)诉《中国学术期刊(光盘版)》电子杂志社有限公司、同方知网(北京)技术有限公司侵害著作权纠纷一案。法院经审理认定,二被告未经著作权人授权,在中国知网、全球学术快报手机客户端提供汪曾祺作品《受戒》的下载服务,侵害了著作权人享有的信息网络传播权,应承担停止侵权、赔偿经济损失及合理开支的法律责任。该案是文著协提起的首例文字作品维权诉讼。

原告文著协诉称,中国当代著名作家汪曾祺系作品《受戒》的作者,其去世后,作品著作权由三名子女汪明、汪朗、汪朝共同继承。文著协作为著作权集体管理组织,经著作权人授权,可以对涉案作品的信息网络传播权等相关事宜进行维权诉讼。文著协发现,二被告未经授权,通过电子化复制,将《北京文学》《文学界》《芳草》《朔方》《雪莲》《阅读》《天涯》《可乐》《名作欣赏》九种期刊、杂志中刊载的作品《受戒》,在中国知网及全球学术快报手机客户端平台上向公众提供,并通过付费下载的方式,获取非法收益,侵犯了涉案作品著作权人的信息网络传播权。

被告学术期刊公司辩称,其通过中国知网发布的涉案作品处于 2000 年 12 月 21 日施行的《最高人民法院关于审理涉及计算机网络著作权纠纷案件适用法律若干问题的解释》(以下简称 2000 年司法解释)施行期内,属于该司法解释第三条规定的网络转载法定许可期间。虽然最高人民法院在 2006 年 12 月废止了关于网络转载法定许可的规定,但根据法不溯及既往的原则,本案应继续适用该条司法解释。

被告同方知网公司辩称,其仅为全球学术快报手机客户端提供技术支持,不参与中国知网网站和全球学术快报手机客户端的运营,不应承担侵权责任。

法院经审理后认为:中国知网收费提供涉案作品的行为不属于 2000 年司法解释第三条规定的网站转载、摘编行为,与著作权法在个人利益与社会公共利益之间进行平衡的基本原则相违背,对著作权人的经济利益产生直接冲突和影响,无法适用该条规定予以抗辩。学术期刊公司未经涉案作品权利人或文著协的许可,在其经营的中国知网中提供九本期刊中涉案作品的下载服务,使用户可以在其个人选定的时间和地点获得涉案作品,侵害了涉案作品著作权人的信息网络传播权;二被告通过分工合作的方式,通过全球学术快报手机客户端共同向网络用户提供涉案作品的下载服务,亦侵害了涉案作品著作权人享有的信息网络传播权,应承担共同侵权责任。最后,法院判令二被告立即停止侵权行为;学术期刊公司赔偿文著协经济损失 1 万元,同方知网公司对其中的 2000 元承担连带赔偿责任;二被告连带赔偿文著协合理开支 1 万元。

第三节　著作权集体管理组织与著作权人的关系

著作权集体管理组织与著作权人之间是一种授权与被授权的关系。《著作权集体管理条例》第十九条规定:"权利人可以与著作权集体管理组织以书面形式订立著作权集体管理合同,授权该组织对其依法享有的著作权或者与著作权有关的权利进行管理。权利人符合章程规定加入条件的,著作权集体管理组织应当与其订立著作权集体管理合同,不得拒绝。权利人与著作权集体管理组织订立著作权集体管理合同并按照章程规定履行相应手续后,即成为该著作权集体管理组织的会员。"根据规定,著作权人需要通过订立书面合同的方式将相关权利授予集体管理组织。《著作权集体管理条例》第二十条规定:"权利人与著作权集体管理组织订立著作权集体管理合同后,不得在合同约定期限内自己行使或者许可他人行使合同约定的由著作权集体管理组织行使的权利。"

第九章
著作权侵权与法律救济

第一节　侵犯著作权的行为

一、侵犯著作权行为的概念

侵犯著作权的行为具体包含两个方面:一是未经著作权人许可也无合法事由,擅自使用著作权人作品的行为,如未经权利人同意擅自将作品上传网络等;二是违反法律规定,妨碍著作权人行使其权利。《著作权法》第五十二条、五十三条罗列了著作权侵权的具体情形。第五十二条规定的侵权行为主要侵犯的是著作权人的利益,包括著作人身权和著作财产权,承担的责任以民事责任为主。第五十三条规定的侵权行为不仅侵犯了著作权人的利益,还侵犯了社会公共利益,承担的责任除民事责任外,还须受到行政处罚,构成犯罪的,需要依法追究刑事责任。

二、侵犯著作权行为的种类

(一)侵犯著作人身权的行为

《著作权法》第五十二条规定了应当承担民事责任的 11 种侵权行为,前 4 种涉及著作人身权,包括侵害发表权、署名权、修改权和保护作品完整权的行为。

侵害发表权是指未经著作权人许可,发表其作品的行为。但在一些特殊情况下,即便没有取得著作权人的授权也不侵犯发表权。如《著作权法》第二十条规定:"作品原件所有权的转移,不改变作品著作权的归属,但美术、摄影作品原件的展览权由原件所有人享有。作者将未发表的美术、摄影作品的原件所有权转让给他人,受让人展览该原件不构成对作者发表权的侵犯。"此外,作品的首次公开与作品的使用方式息息相关,行为人侵害权利人发表权的同时往往还会侵权著作财产权。如未经权利人许可将未发表作品上传网络的,既侵犯权利人的发表权,又侵犯权利人的信息网络传播权。

侵害署名权的行为包括以下行为:第一,指未经作者同意,改变作者署名的行为;第二,未经合作作者许可,将与他人合作创作的作品当作自己单独创作的作品发表的;第三,没有参加创作,为谋取个人名利,在他人作品上署名的行为。与上述行为相关,出版、发行、改编、表演这些侵犯署名权的作品的,同样构成对权利人署名权的侵犯。《著作权法》第五十三条第八款规定的"制作、出售假冒他人署名的作品的"行为也属于侵犯署名权的行为,假冒他人署名是指将作者的姓名用在并非其创作的作品上,这种侵权行为的表现方式有很多,如临摹名家书法、画作,以伪作冒充真迹以获取高额的经济利益。但学界有观点认为这种行为只是侵害了作者的姓名权,是一种盗用或冒用他人姓名权的行为。

侵害修改权和保护作品完整权的行为是指歪曲、篡改他人作品,未经著作权人同意擅自删改作品的内容、破坏作品的真实性以及无故改变作品的表现形式的行为。任何人未经著作权人的许可都不能修改作品,即便是出版社、报社和期刊社。例如《著作权法》第三十六条规定:"图书出版者经作者许可,可以对作品修改、删节。报社、期刊社可以对作品作文字性修改、删节。对内容的修改,应当经作者许可。"当然也有例外,著作权人许可他人将作品摄制成电影和电视剧等视听作品的,视为已同意对其作品进行必要的改动,但这种改动不得歪曲篡改原作品。

(二)侵犯著作财产权的行为

未经著作权人的许可也无合法事由而使用权利人的作品,构成对权利人著作财产权的侵害。侵犯著作财产权的行为主要包括以下几种。

第一,擅自使用的行为。擅自使用是指未经著作权人许可也无合法事由而行使受著作权控制的行为,如复制、发行、放映、表演、翻译等方式使用他人的作品。非法复制是最为常见的侵权行为,如盗版软件、盗版图书都是非法复制行为的结果。非法复制件在市场上的流通,极大地冲击了正版市场的稳定,侵害了著作权人的合法权益。《著作权法》第五十三条第一款、第三款至第五款规定的侵权行为,未经著作权人许可,复制、发行、表演、放映、广播、汇编、通过信息网络向公众传播其作品的;未经表演者许可,复制、发行录有其表演的录音录像制品,或者通过信息网络向公众传播其表演的;未经录音录像制作者许可,复制、发行、通过信息网络向公众传播其制作的录音录像制品的;未经许可,播放、复制或者通过信息网络向公众传播广播、电视的,均属侵犯复制权的行为。

第二,剽窃。剽窃是指将他人作品所包含的独创性的内容全部或部分地据为己有,将其当作自己的作品公之于众。剽窃一般分为两种类型:一种是较大范围的、甚至整个部分原封不动地照搬他人的内容,剽窃者不做任何改动或只是做些许无关紧要的变动达到字面相似的程度。一种是较为隐蔽的剽窃行为,剽窃者企图掩盖其行为,将别人的作品有独创性的观点和内容据为己有,达到实质相似的程度。

第三,使用他人作品,应当支付报酬而未支付的行为。使用他人作品原则上应当支付相应的报酬,但《著作权法》规定了合理使用制度和法定许可制度。在合理使用的情况下,著作权人无权要求使用人支付报酬。在法定许可的情况下,使用人向著作权人支付报酬是法定义务,否则便构成侵权。

第四,侵犯邻接权的行为。侵犯邻接权的行为也分为侵犯人身权和财产权两个方面。侵犯人身权主要涉及表演者,侵权人实施了隐藏或变更表演者身份的行为或对表演者的形象进行歪曲、篡改的行为。侵犯财产权主要是侵犯了作品传播者的经济利益,未经权利人许可使用邻接权人的表演、录音录像制品、广播节目以及版式设计的行为。

(三) 其他违法行为

1. 侵害技术措施的行为

根据《著作权法》的规定:技术措施,是指用于防止、限制未经权利人许可浏览、欣赏作品、表演、录音录像制品或者通过信息网络向公众提供作品、表演、录音录像制品的有效技术、装置或者部件。技术措施包括两种类型,一是控制接触的技术措施,一是权利保护的技术措施。控制接触的技术措施是指限制他人未经许可(如浏览、在线观看等方式)接触作品(表演、录音录像制品、广播电视节目信号等)的技术措施,如访问口令、收看节目的加密装置等。权利保护的技术措施是指限制他人未经许可以复制、改编、机械表演、信息网络传播等方式使用作品(表演、录音录像制品、广播电视节目信号等)的技术措施,如 PDF 格式文件中的限制内容修改、复制的技术措施、正版计算机软件使用次数、使用期限的技术措施。

《著作权法》第四十九条第二款规定:"未经权利人许可,任何组织或者个人不得故意避开或者破坏技术措施,不得以避开或者破坏技术措施为目的的制造、进口或者向公众提供有关装置或者部件,不得故意为他人避开或者破坏技术措施提供技术服务。但是,法律、行政法规规定可以避开的情形除外。"根据规定,侵害技术措施的行为分为两种类型。一是直接侵害,即故意实施避开或破坏技术措施的行为。所谓避开是指绕过技术措施,使得技术措施对自己失去效用,但对他人仍能够发生效用;所谓破坏是指损毁该技术措施,使得技术措施对任何人都失去效用。二是间接侵害,即故意为他人直接侵害技术措施提供帮助,包括两种情况,第一种是以避开或破坏技术措施为目的的制造、进口或向公众提供有关装置或部件;第二种是故意为他人避开或破坏技术措施提供技术服务。

《著作权法》第五十条规定:"下列情形可以避开技术措施,但不得向他人提供避开技术措施的技术、装置或者部件,不得侵犯权利人依法享有的其他权利:① 为学校课堂教学或者科学研究,提供少量已经发表的作品,供教学或者科研人员使用,而该作品无法通过正常途径获取;② 不以营利为目的,以阅读障碍者能够感知的无障碍方式向其提供已经发表的作品,而该作品无法通过正常途径获取;③ 国家机关依照行政、监察、司法程序执行公务;④ 对计算机及其系统或者网络的安全性能进行测试;⑤ 进行加密研究或者计算机软件反向工程研究。前款规定适用于对与著作权有关的权利的限制。"

2. 侵害权利管理信息的行为

根据《信息网络传播权保护条例》的规定:权利管理电子信息,是指说明作品及其作者、表演及其表演者、录音录像制品及其制作者的信息,作品、表演、录音录像制品权利人的信息和使用条件的信息以及表示上述信息的数字或者代码。《著作权法》第五十一条将保护范围扩大到权利管理信息,不局限于电子权利管理信息。因此,权利管理信息是指著作权人(邻接权人)所使用的用于说明（识别）权利客体、权利主体、使用条件、许可条件等方面信息的文字、图形、数字、代码等。

《著作权法》第五十一条规定："未经权利人许可，不得进行下列行为：① 故意删除或者改变作品、版式设计、表演、录音录像制品或者广播、电视上的权利管理信息，但由于技术上的原因无法避免的除外；② 知道或者应当知道作品、版式设计、表演、录音录像制品或者广播、电视上的权利管理信息未经许可被删除或者改变，仍然向公众提供。"根据规定，侵害权利管理信息的行为包括两类：一是故意删除或改变权利管理信息；二是知道或应当知道相关权利管理信息未经许可被删除或改变，仍向公众提供作品（表演、录音制品等）。若主观上没有引诱、帮助、掩盖侵权的故意，由于技术原因而无法避免删除或改变权利管理信息的，不承担侵权责任，这是侵害权利管理信息的免责事由。具体包括两种形式：一是在播放广告或其他节目时，使用作品（表演、录音制品等），由于时间短，无法在播放节目的同时表明权利管理电子信息的；二是在进行数字信号与模拟信号转换时无法保存权利管理电子信息的。

第二节　互联网领域侵犯著作权的行为

一、互联网领域著作权侵权行为的分类

互联网领域的著作权侵权行为主要是指侵犯信息网络传播权的行为，分为两种类型，一是通过网络实施的直接侵权行为。《著作权法》赋予了作者、表演者和录音录像制品制作者信息网络传播权。《信息网络传播权保护条例》第二条规定："权利人享有的信息网络传播权受著作权法和本条例保护。除法律、行政法规另有规定的外，任何组织或者个人将他人的作品、表演、录音录像制品通过信息网络向公众提供，应当取得权利人许可并支付报酬。"违反以上规定，未经权利人许可通过网络将作品、表演、录音录像制品进行传播的行为便构成了对信息网络传播权的直接侵犯。二是通过网络实施的共同侵权行为，即网络服务提供者为行为人的侵权行为提供实质性帮助，且主观上具有过错的行为。根据《信息网络传播权保护条例》的规定，网络服务分为接入服务、缓存服务、存储服务、搜索和链接服务共四种类型。接入服务和缓存服务是提供互联网接

入的服务,如中国联通、中国移动提供的互联网接入服务就是提供信息传输的公共通道,这种服务通常与传输信息的内容无关,网络服务提供者无法控制信息内容。存储空间服务是指网络服务提供者提供一个可以发布信息的平台,用户可以将信息存储在网络平台上,其他平台用户能获取使用该信息,如论坛、博客等。搜索和链接服务又称信息定位服务,这种服务可以为用户提供信息编目、索引、搜索和链接,但并不存储信息内容,如百度、搜狗等提供的搜索引擎、网络链接服务等。存储空间服务、搜索和链接服务对用户发布和获取信息具有一定的控制力,与网络传播行为关联度较高,是互联网共同侵权行为的主要来源方式。

二、互联网领域的直接侵权行为

直接侵害信息网络传播权的行为是指未经权利人许可,擅自将作品以数字化的形式上传至互联网服务器中,公众可以在自己选定的时间和地点在线浏览或使用作品。需要注意的是,这里的侵权主体并不以身份作为判断要件,不论网络内容提供者还是网络服务提供者,只要未经权利人许可通过互联网提供他人作品的行为,就可能构成直接侵害信息网络传播权的行为。例如,新浪微博如果在提供网络平台的同时,还在平台上发布了一些别人的摄影作品,就不能简单地将其归类为内容提供者还是服务提供者。在具体案件中,需要对网络服务提供者的行为进行鉴别,确定其行为是直接侵权还是为他人的侵权行为提供帮助。

网络用户同样也可能成为直接侵权行为的主体,例如网络用户将作品放入个人电脑的共享区或将作品制作成 BT 种子都属于上传至网络的行为,使公众能在自己选定的时间和地点在线浏览或使用作品。

在一些法定特殊情形下,信息网络传播权也受到某些程度的限制。《信息网络传播权保护条例》第六条规定:"通过信息网络提供他人作品,属于下列情形的,可以不经著作权人许可,不向其支付报酬。① 为介绍、评论某一作品或者说明某一问题,在向公众提供的作品中适当引用已经发表的作品;② 为报道时事新闻,在向公众提供的作品中不可避免地再现或者引用已经发表的作品;③ 为学校课堂教学或者科学研究,向少数教学、科研人员提供少量已经发表的作品;④ 国家机关为执行公务,在合理范围内向公众提供已经发表的作品;⑤ 将中国公民、法人或者其他组织已经发表的、以汉语言文字创作的作品翻译成的少数民族语言文字作品，向中国境内少数民族提供;⑥ 不以营利为目的，以盲人能够感知的独特方式向盲人提供已经发表的文字作品;⑦ 向公众提供在信息网络上已经发表的关于政治、经济问题的时事性文章;⑧ 向公众提供在公众集会上发表的讲话。"通过比较，除"个人使用""免费表演""对设置或者陈列在公共场所的艺术作品的使用"不能适用于互联网领域外，该条规定与《著作权法》第二十四条的合理使用制度近似。

三、互联网领域网络服务提供者的共同侵权行为

在互联网环境中，网络服务提供者的侵权行为不仅表现为直接侵害信息网络传播权的行为，更多的是教唆、帮助他人实施侵权行为，即构成共同侵权而承担连带责任。共同侵权行为分为共同加害行为以及教唆、帮助他人实施加害行为两种。共同加害行为是指在实施侵权行为时，所有的加害人都处于相同的地位，共同实施了具体的侵害行为。如网络服务提供者与他人以分工合作的方式将作品通过互联网向公众分享或提供。教唆、帮助他人实施侵权中的教唆者是指唆使他人实施侵害行为的人，帮助者是指为他人实施侵害行为提供必要条件的人。《信息网络传播权保护条例》规定了网络服务提供者两种主要的侵权行为模式：一是网络存储服务中的共同侵权行为，二是网络链接服务中的共同侵权行为。

(一) 网络存储服务中的共同侵权行为

网络存储服务是指网络服务提供者向公众提供一个开放的网络平台，用户可以将各种信息在平台上上传和发布，网络服务提供者一般并不在平台上直接发布信息，也不对用户上传的信息内容进行审查和实质性的变更。《信息网络传播权保护条例》第二十二条规定："网络服务提供者为服务对象提供信息存储空间，供服务对象通过信息网络向公众提供作品、表演、录音录像制品，并具备下列条件的，不承担赔偿责任：① 明确标示该信息存储空间是为服务对象所提供并公开网络服务提供者的名称、联系人、网络地址;② 未改变服务对象所提供的作品、表演、录音录像制品;③ 不知道也没有合理的理由应当知道服务对象提供的作品、表演、录音录像制品侵权;④ 未从服务对象提供作品、表演、录音录像制品中直接获得经济利益;⑤ 在接到权利人的通知书后，根据本条例

规定删除权利人认为侵权的作品、表演、录音录像制品。"网络用户如果在网络服务提供者提供的平台上上传了侵权作品,网络服务提供者客观上为侵权行为的发生提供了得以发生的条件,可以视为为他人直接侵权行为提供实质性帮助,但如果网络服务提供者对用户的行为不知晓或没有合理的理由知晓以及知晓后采取措施制止侵权行为的,即主观上不具有过错,便不构成共同侵权。如果网络服务提供者对用户上传的信息内容进行了改变,积极地进行传播和存储,网络服务提供者就成了直接侵权人,而不是侵权行为的帮助者。

(二) 网络链接服务中的共同侵权行为

网络链接是向浏览器发出的指令代码,通过该代码可以从一个网站跳转到另一网站。相对于网络用户而言,网络链接是引导用户浏览被链接网站内容的便捷手段。《信息网络传播权保护条例》第二十三条规定:"网络服务提供者为服务对象提供搜索或者链接服务,在接到权利人的通知书后,根据本条例规定断开与侵权的作品、表演、录音录像制品的链接的,不承担赔偿责任;但是,明知或者应知所链接的作品、表演、录音录像制品侵权的,应当承担共同侵权责任。"《最高人民法院关于审理侵害信息网络传播权民事纠纷案件适用法律若干问题的规定》第七条第三款规定:"网络服务提供者明知或者应知网络用户利用网络服务侵害信息网络传播权,未采取删除、屏蔽、断开链接等必要措施,或者提供技术支持等帮助行为的,人民法院应当认定其构成帮助侵权行为。"上传或发布侵权作品的网络用户是直接的侵权行为人,为侵权作品提供链接服务的网络服务提供者是侵权行为的帮助者,如果网络服务提供者明知或应知网络用户实施直接的侵权行为而为其提供搜索、链接等服务,则构成共同侵权。

(三) 网络服务提供者的过错认定

网络服务提供者构成共同侵权的关键在于主观过错的认定,即对网络用户侵权行为是否是明知或应知的状态。网络服务提供者只有在知道或应当知道侵权行为存在却没有采取删除、屏蔽、断开链接等必要措施,或者提供技术支持等帮助行为的时候才构成帮助侵权。《信息网络传播权保护条例》通过设立"通知+删除"的规则来认定网络服务提供者的主观过错,使得过错认定的标准更加客观化。根据《信息网络传播权保护条例》的规定,对提供信息存储空间或者提供搜索、链接服务的网络服务提供者,权利人认为其服务所涉及的作品、表演、录音录像制品,侵犯自己的信息网络传播权或者被删除、改变了自己的权利管理电子信息的,可以向该网络服务提供者提交书面通知,要求网络服务提供者删除该作品、表演、录音录像制品,或者断开与该作品、表演、录音录像制品的链接。网络服务提供者接到权利人的通知书后,应当立即删除涉嫌侵权的作品、表演、录音录像制品,或者断开与涉嫌侵权的作品、表演、录音录像制品的链接,并同时将通知书转送提供作品、表演、录音录像制品的服务对象;服务对象网络地址不明、无法转送的,应当将通知书的内容同时在信息网络上公告。服务对象接到网络服务提供者转送的通知书后,认为其提供的作品、表演、录音录像制品未侵犯他人权利的,可以向网络服务提供者提交书面说明,要求恢复被删除的作品、表演、录音录像制品,或者恢复与被断开的作品、表演、录音录像制品的链接。网络服务提供者接到服务对象的书面说明后,认为其行为合法的,应当立即恢复被删除的作品、表演、录音录像制品,或者可以恢复与被断开的作品、表演、录音录像制品的链接,同时将服务对象的书面说明转送权利人。"通知+删除"规则在很大程度上解决了网络服务提供者主观过错难以认定的问题,因为网络信息往往是海量的并且一直处于变动状态的,网络服务提供者也很难去甄别网络用户的行为是否属于侵权行为,在这种情况下,如何去判断网络服务提供者对用户的侵权行为属于明知或应知难度比较大。根据"通知+删除"规则,当著作权人向网络服务提供者发出侵权通知时,网络服务提供者的主观状态就变为明知或应知,此时如果网络服务提供者没有采取删除、断开链接等必要措施时,就可以认定主观上有过错,构成共同侵权。

需要注意的是,"通知+删除"的规则是认定网络服务提供者主观过错的手段之一,但并非认定的唯一方式。在没有著作权人侵权通知的情况下,可以从网络服务提供者提供的服务性质、专业知识、经营状况等方面综合考虑其是否具有过错。如果侵权行为非常明显,作为专业机构的网络服务提供者不可能不知道该侵权行为存在而仍继续为侵权行为人提供相应的服务,则无须考虑著作权人是否发出通知就可以直接认定其主观上具有过错。《最高人民法院关于审理侵害信息网络传播权民事纠纷案件适用法律若干问题的规定》第九条规定:"人民法院应当根据网络用户侵害信息网络传播权的具体事实是否明显,综合考虑以下因素,认定网络服务提供者是否构成应知:① 基于网络服务提供者提供服务的性质、方式及其引发侵权的可能性大小,应当具备的管理信息的能力;② 传播的作品、表演、录音录像制品的类型、知名度及侵权信息的明显程度;③ 网络服务提供者是否主动对作品、表演、录音录像制品进行了选择、编辑、修改、推荐等;④ 网络服务提供者是否积极采取了预防侵权的合理措施;⑤ 网络服务提供者是否设置便捷程序接收侵权通知并及时对侵权通知做出合理的反应;⑥ 网络服务提供者是否针对同一网络用户的重复侵权行为采取了相应的合理措施;⑦ 其他相关因素。"第十条规定:"网络服务提供者在提供网络服务时,对热播影视作品等以设置榜单、目录、索引、描述性段落、内容简介等方式进行推荐,且公众可以在其网页上直接以下载、浏览或者其他方式获得的,人民法院可以认定其应知网络用户侵害信息网络传播权。"第十二条规定:"有下列情形之一的,人民法院可以根据案件具体情况,认定提供信息存储空间服务的网络服务提供者应知网络用户侵害信息网络传播权:① 将热播影视作品等置于首页或者其他主要页面等能够为网络服务提供者明显感知的位置的;② 对热播影视作品等的主题、内容主动进行选择、编辑、整理、推荐,或者为其设立专门的排行榜的;③ 其他可以明显感知相关作品、表演、录音录像制品为未经许可提供,仍未采取合理措施的情形。"

第三节　侵权诉讼中的举证责任

一、举证责任的分配

在著作权侵权诉讼中,举证责任的分配是至关重要的。著作权侵权诉讼作为民事诉讼的一种类型,仍适用"谁主张、谁举证"的举证规则,但由于著作权的自身属性,相关法律法规在举证责任问题上也会有一些特殊的规定。

如果权利人起诉他人侵权时要求对方停止侵权,由于过错并非构成承担停止侵权责任的前提,因此权利人只需要证明自己是作品的著作权人,对方未经许可实施了侵权行为即可。

《最高人民法院关于审理著作权民事纠纷案件适用法律若干问题的解释》第二十条的规定:"出版物侵害他人著作权的,出版者应当根据其过错、侵权程度及损害后果等承担赔偿损失的责任。出版者对其出版行为的授权、稿件来源和署名、所编辑出版物的内容等未尽到合理注意义务的,依据现行《著作权法》第五十四条的规定,承担赔偿损失的责任。出版者应对其已尽合理注意义务承担举证责任。"第十九条规定:"出版者、制作者应当对其出版、制作有合法授权承担举证责任,发行者、出租者应当对其发行或者出租的复制品有合法来源承担举证责任。举证不能的,依据现行《著作权法》第五十二条、第五十三条的相应规定承担法律责任。"因此,如果原告举证证明出版社存在侵权行为的情况下,出版社就应当举证证明自己对其出版行为的授权、稿件来源和署名、所编辑出版物的内容等尽到了合理注意义务,自己不具有主观上的过错,否则就应当承担赔偿责任。

《著作权法》第五十九条第一款规定:"复制品的出版者、制作者不能证明其出版、制作有合法授权的,复制品的发行者或者电影作品或者以类似摄制电影的方法创作的作品、计算机软件、录音录像制品的复制品的出租者不能证明其发行、出租的复制品有合法来源的,应当承担法律责任。在诉讼程序中,被诉侵权人主张其不承担侵权责任的,应当提供证据证明已经取得权利人的许可,或者具有本法规定的不经权利人许可而可以使用的情形。"该条规定的法律责任指的是赔偿责任,因为停止侵权责任的承担并不以行为人主观上具有过错为要件,即复制品没有合法来源为前提。该规定仍适用"谁主张、谁举证"的举证责任分配规则,权利人首先应当举证证明行为人实施了侵权行为,然后再由行为人举证证明其没有实施侵权行为,或者其已经取得了授权许可,或者其行为具有不构成侵权的法定理由。复制品的出版者、制作者如果不能证明其出版和制作行为具有合法的授权以及复制品的其他发行者不能证明其复制品具有合法来源的,就会被推定具有主观过错,从而承担赔偿责任。

二、对被诉侵权行为的举证证明

在涉及著作权直接侵权的诉讼案件中,原告不仅需要举证证明自己是作品的权利主体或利害关系人,还要举证证明被告实施了侵权行为。在认定侵犯复制权和演绎权时,原告一般难以直接举证证明对方实施了非法复制和演绎行为。因为被诉侵权人的复制和演绎行为往往是非常隐蔽的,权利人往往很难拿出直接的证据。为了解决上述问题,司法实践中一般采用"接触+实质性相似"的认定标准。权利人如果没有直接证据证明被诉侵权人实施了复制或演绎行为,但权利人能够证明被诉侵权人在先接触过其作品,以及被诉侵权人的作品与其在先作品之间存在实质性相似,法院就能认定被诉侵权人实施了未经授权的复制或演绎行为。

需要注意的是，"接触"不仅限于实际接触，更多的情况是指具有接触的合理可能性。这是因为权利人要想举证证明被控侵权人实际接触过自己的在先作品难度比较大。要求权利人必须证明被控侵权人实际接触过自己的在先作品与证明对方实施了非法复制和演绎行为本质区别不大，会导致"接触＋实质性相似"的认定标准丧失原有的意义。因此，权利人只需要证明被控侵权人具有接触的合理可能性即可。

被控侵权人具有接触的合理可能性可以通过以下几种方式进行认定：第一种是在先作品已经广为发行或传播，如小说已经出版，电影已经公映等。此种情况下是可以推定被控侵权人具有接触作品的可能性的。第二种是被控侵权作品与在先作品之间存在令人吃惊的相似程度，以至于排除了被控侵权人能够基于偶然性独立原创出相似作品的可能。换言之，除非两部作品间的相似程度可以通过共同源于其他作品来解释，否则实务中法院就可以直接认定被控侵权人接触过权利人的在先作品，并进行了复制或演绎行为。也就意味着如果两部作品间达到令人吃惊的相似程度，那"接触"和"实质性相似"两个要件就一并构成了。例如，一位小说家发现一本刚出版的长篇侦探小说与自己之前出版的小说内容上几乎完全一样，该小说家就能够起诉该长篇小说的署名作者侵犯了自己的著作权。该小说家可以向法院举证自己已出版的小说或提交小说的著作权登记证书，将自己的小说和对方的小说进行比对证明对方侵犯了自己的著作权。由于两部作品间存在令人吃惊的相似程度，法院便可以直接推定被诉侵权人抄袭了权利人的作品。第三种是如果与被控侵权人有密切联系的第三人获取了原告的作品，法院可以根据具体情况推定被控侵权人通过第三人接触过该作品。

根据"接触＋实质性相似"的认定标准推定被诉侵权人对权利人的在先作品进行复制或演绎之后，被控侵权人还可以进行相应的举证：自己未对原告的作品进行复制或演绎，自己是独立创作。相似之处是由于偶然性或对其他作品的共同借鉴。当然，如果在先作品的篇幅内容越长越复杂，被控侵权作品与之相似程度越高，被控侵权人就越难证明自己独立完成了创作。

需要注意的是，"接触＋实质性相似"的认定标准不能适用于被控侵权人发行、出租和传播行为的认定。原因在于发行、出租和传播行为均属于对被控侵权作品或其复制件的利用，不属于创作侵权作品或制作侵权复制件的行为。与此同时，发行、出租和传播行为都具有公开性，权利人比较容易收集证据。

第四节　侵犯著作权的法律责任

在符合《著作权法》第五十二条规定的情形下,侵权人应当根据情况,承担停止侵害、消除影响、赔礼道歉、赔偿损失等民事责任。在符合《著作权法》第五十三条规定的情形下,侵权人应当根据情况,除承担相应的民事责任外,还可以给予行政处罚,构成犯罪的,依法追究刑事责任。

一、侵犯著作权的民事责任

侵犯著作权的行为应当根据具体情形承担以下民事责任。

(一) 停止侵害

停止侵害是指责令侵权行为人立即停止正在实施的侵害他人著作权的行为。停止侵害是著作权人的一项重要的权利救济方式,对于消除不法侵害,预防侵害的发生具有重要的作用。只要侵权行为人实施了侵权行为且行为一直在持续进行,不管是否给权利人造成了损失,也不管侵权行为人主观上是否具有过错,权利人均有权请求法院判令行为人停止侵权行为。例如,某视频网站未经许可将他人影视作品置于网上供用户观看或下载,只要在法院判决时这些影视作品还没有进行删除,侵犯信息网络传播权的行为就一直在持续,法院就可以要求该视频网站承担停止侵权的民事责任,将这些侵权作品进行删除。

停止侵害是侵权行为被法院认定之后行为人所承担的民事责任,在此之前权利人可以向法院申请诉前禁令。《著作权法》第五十六条规定:"著作权人或者与著作权有关的权利人有证据证明他人正在实施或者即将实施侵犯其权利、妨碍其实现权利的行为,如不及时制止将会使其合法权益受到难以弥补的损害的,可以在起诉前依法向人民法院申请采取财产保全、责令做出一定行为或者禁止做出一定行为等措施。"诉前禁令因为发生在诉讼之前,因此具有严格的程序要求,既要消除侵权的不法侵害,防止损害的扩大,又要防止申请人滥用权利,给被申请人带来损害。申请人是权利人或者利害关系人,对诉讼标的拥有合法的权利或者诉权。提出申请的利害关系人,包括著作权使用许可合同的被许可人、著作权财产权利的合法继承人。在著作权使用许可合同的被许可人中,独占使用许可合同的被许可人可以单独向人民法院提出申请,排他使用许可合同的被许可人在著作权人不申请的情况下,可以提出申请,普通使用许可合同的被许可人则不能单独向法院提出申请。根据《最高人民法院关于审理著作权民事纠纷案件适用法律若干问题的解释》,申请应当向被申请人住所地具有相应知识产权纠纷管辖权的人民法院或者对案件具有管辖权的人民法院提出,申请人应当递交或提供书面申请状,申请状应当载明:① 申请人与被申请人的身份、送达地址、联系方式;② 申请采取行为保全措施的内容和期限;③ 申请所依据的事实、理由,包括被申请人的行为将会使申请人的合法权益受到难以弥补的损害或者造成案件裁决难以执行等损害的具体说明;④ 为行为保全提供担保的财产信息或资信证明,或者不需要提供担保的理由,司法实践中法院会根据涉嫌侵权行为的性质、采取保全措施后被申请人可能遭受的损失、申请人的企业情况、担保人的赔付能力等因素综合考虑;⑤ 其他需要载明的事项。

(二)消除影响、赔礼道歉

消除影响、赔礼道歉是侵权行为人的行为侵犯权利人人身权而适用的非财产性责任,如报刊在刊登他人作品时未尽到署名义务,应当在显著位置以登载声明的方式向著作权人赔礼道歉并消除由此产生的不良影响。《最高人民法院关于审理著作权民事纠纷案件适用法律若干问题的解释》第十七条规定:"著作权法规定的转载,是指报纸、期刊登载其他报刊已发表作品的行为。转载未注明被转载作品的作者和最初登载的报刊出处的,应当承担消除影响、赔礼道歉等民事责任。"

如果侵权行为既侵犯了著作人身权,又侵犯了著作财产权,权利人可以要求侵权行为人既承担赔偿损失的责任,又承担赔礼道歉的责任。如将他人作品当成自己作品进行出版发行,不仅侵犯了原作者的复制权和发行权,还侵犯了原作者的署名权,侵权行为人除应当承担赔偿经济损失外,还应当向权利人赔礼道歉。

(三)赔偿损失

当侵权行为人主观上具有过错且行为导致权利人遭受财产损失时,侵权人应当承担赔偿损失的民事责任,是否具有过错是判定是否承担赔偿损失责任的前提。我国知识产权法的损害赔偿责任均采用过错责任原则,《著作权法》虽没有明文规定具有过错作为承担赔偿损失责任的必要条件,但通过法律条文的逻辑分析,承担赔偿损失的行为都以过错为前提。如《著作权法》第五十九条规定:"复制品的出版者、制作者不能证明其出版、制作有合法授权的,复制品的发行者或者电影作品或者以类似摄制电影的方法创作的作品、计算机软件、录音录像制品的复制品的出租者不能证明其发行、出租的复制品有合法来源的,应当承担法律责任。"该条规定承担的法律责任即损害赔偿责任,行为人承担责任的前提是具有主观过错,方式为过错推定。《最高人民法院关于审理著作权民事纠纷案件适用法律若干问题的解释》第二十条规定:"出版物侵害他人著作权的,出版者应当根据其过错、侵权程度及损害后果等承担赔偿损失的责任。出版者对其出版行为的授权、稿件来源和署名、所编辑出版物的内容等未尽到合理注意义务的,依据现行《著作权法》第五十四条的规定,承担赔偿损失的责任。出版者应对其已尽合理注意义务承担举证责任。"这些条款均说明《著作权法》的赔偿损失责任均以具有过错作为要件。

关于赔偿数额的计算,《著作权法》第五十四条规定:"侵犯著作权或者与著作权有关的权利的,侵权人应当按照权利人因此受到的实际损失或者侵权人的违法所得给予赔偿;权利人的实际损失或者侵权人的违法所得难以计算的,可以参照该权利使用费给予赔偿。对故意侵犯著作权或者与著作权有关的权利,情节严重的,可以在按照上述方法确定数额的 1 倍以上 5 倍以下给予赔偿。权利人的实际损失、侵权人的违法所得、权利使用费难以计算的,由人民法院根据侵权行为的情节,判决给予 500 元以上 500 万元以下的赔偿。赔偿数额还应当包括权利人为制止侵权行为所支付的合理开支。人民法院为确定赔偿数额,在权利人已经尽了必要举证责任,而与侵权行为相关的账簿、资料等主要由侵权人掌握的,可以责令侵权人提供与侵权行为相关的账簿、资料等;侵权人不提供,或者提供虚假的账簿、资料等的,人民法院可以参考权利人的主张和提供的证据确定赔偿数额。"

《著作权法》在确定赔偿额时,首先将"权利人因此受到的实际损失"以及"侵权人的违法所得"作为并列的因素来考察,但两者之间没有前后顺序。根据《最高人民法院关于审理著作权民事纠纷案件适用法律若干问题的解释》的规定,权利人的实际损失,可以根据权利人因侵权所造成复制品发行减少量或者侵权复制品销售量与权利人发行该复制品单位利润乘积计算。发行减少量难以确定的,按照侵权复制品市场销售量确定。侵权人的违法所得一般是指侵权人因侵权行为获得的利润。根据会计制度,利润可以分为产品销售利润、营业利润和净利润三种类型。产品销售利润是指产品销售收入减去销售成本、再减去产品销售税金及附加后的利润。营业利润是指产品销售利润减去管理费、财务费用后的利润。净利润是指营业利润减去所得税后的利润。这三种利润的数额依此递减,因此,在实务中法院最终采纳哪种利润方式来确定赔偿金额对权利人的利益有重要影响。通常情况下,一般会以侵权人的营业利润作为赔偿数额,如果侵权行为较为恶劣,则可能以产品销售利润计算赔偿数额,如果侵权行为情节较轻,则可能以净利润计算赔偿数额。

"如果权利人的实际损失或者侵权人的违法所得难以计算的,可以参照该权利使用费给予赔偿。"主张权利使用费一般可以提交的证据包括许可协议、付款凭证、发票、相关产品及相应的在市场上购买到该产品的记录(证明该许可真实存在且被许可产品已经进入市场)、相关许可或者合作的新闻和线上文章、包含了被许可产品图片的线上文章等。

"如果权利人的实际损失、侵权人的违法所得、权利使用费都难以计算的,由人民法院根据侵权行为的情节,判决给予500元以上500万元以下的赔偿。"法定赔偿数额的下限为500元,这一规定彰显对侵犯著作权行为的加大惩治,利于遏制现阶段图片、字体等类型纠纷频发但赔偿金额少的侵权现象,推动社会形成尊重版权,尊重创新创造的氛围。如 ktv 行业存在大量侵犯音乐作品著作权的行为,有些地方法院考虑到地方经济因素,在 ktv 侵权案件中把赔偿额度不断下调,从早期的每首歌曲 1000 元下调到 500 元,再下调至 100 元,甚至一些法院判决的赔偿额低至 50 元一首,这样的赔偿额度让权利人无法接受但又无可奈何,法定赔偿数额的下限设置为 500 元一定程度上可以保护创作人的创作热情。法定赔偿数额的上限为 500 万元,大幅提高了违法成本,一方面加强了法院打击侵权行为的决心,另一方面也起到了震慑侵权行为人的社会效果。

"赔偿数额还应当包括权利人为制止侵权行为所支付的合理开支。"根据《最高人民法院关于审理著作权民事纠纷案件适用法律若干问题的解释》的规定,合理开支,包括权利人或者委托代理人对侵权行为进行调查、取证的合理费用。人民法院根据当事人的诉讼请求和具体案情,可以将符合国家有关部门规定的律师费用计算在赔偿范围内。在实务中,权利人为调查取证而支付的公证费、交通住宿费、审计费等相关费用只要在合理必要范围内,均属于合理开支。

"对故意侵犯著作权或者与著作权有关的权利,情节严重的,可以在按照上述方法确定数额的一倍以上五倍以下给予赔偿。"《著作权法》建立了惩罚性赔偿制度,意味着在知识产权领域惩罚性赔偿制度已经较为全面地建立。这一规定与《民法典》第一千一百八十四条规定的知识产权惩罚性赔偿一脉相承,与《商标法》第六十三条、《专利法》第七十一条、《反不正当竞争法》第十七条基本一致。根据最高人民法院出版的《民法典理解与适用(侵权责任编)》的理解,知识产权侵权赔偿仍要坚持"以补偿救济为原则,以惩罚性赔偿为补充"。惩罚性赔偿是高压线,防止司法不当干预市场经济活动。司法实践中,应当在当事人主张适用的前提下,根据惩罚性赔偿适用的构成要件进行适用、论证。

"人民法院为确定赔偿数额,在权利人已经尽了必要举证责任,而与侵权行为相关的账簿、资料等主要由侵权人掌握的,可以责令侵权人提供与侵权行为相关的账簿、资料等;侵权人不提供,或者提供虚假的账簿、资料等的,人民法院可以参考权利人的主张和提供的证据确定赔偿数额。"该条属于妨害举证的规定,实务中原告代理律师在举证时即便使用的是初步的证据来证明其主张赔偿数额,也可以利用这个制度取得较为有利的诉讼地位。作为侵权行为人的代理律师,则应该想办法避免该条的适用,积极提供相关的证据,如利润表、成本表等来证明自己的侵权规模小、没有获利等。

二、侵犯著作权的行政责任

当侵权行为人的行为侵害到公共利益时,侵权行为人除了需要承担相应的民事责任外,还可能承担行政责任,即由著作权行政主管部门予以行政处罚。根据《著作权法》第五十三条的规定,针对八类侵权行为,侵权行为同时损害公共利益的,根据情况,由主管著作权的部门责令停止侵权行为,予以警告,没收违法所得,没收、无害化销毁处理侵权复制品以及主要用于制作侵权复制品的材料、工具、设备等,违法经营额 5 万元以上的,可以并处违法经营额一倍以上五倍以下的罚款;没有违法经营额、违法经营额难以计算或者不足5 万元的,可以并处 25 万元以下的罚款。这八类侵权行为是:① 未经著作权人许可,复制、发行、表演、放映、广播、汇编、通过信息网络向公众传播其作品的,本法另有规定的除外;② 出版他人享有专有出版权的图书的;③ 未经表演者许可,复制、发行录有其表演的录音录像制品,或者通过信息网络向公众传播其表演的,本法另有规定的除外;④ 未经录音录像制作者许可,复制、发行、通过信息网络向公众传播其制作的录音录像制品的,本法另有规定的除外;⑤ 未经许可,播放、复制或者通过信息网络向公众传播广播、电视的,本法另有规定的除外;⑥ 未经著作权人或者与著作权有关的权利人许可,故意避开或者破坏技术措施的,故意制造、进口或者向他人提供主要用于避开、破坏技术措施的装置或者部件的,或者故意为他人避开或者破坏技术措施提供技术服务的,法律、行政法规另有规定的除外;⑦ 未经著作权人或者与著作权有关的权利人许可,故意删除或者改变作品、版式设计、表演、录音录像制品或者广播、电视上的权利管理信息的,知道或者应当知道作品、版式设计、表演、录音录像制品或者广播、电视上的权利管理信息未经许可被删除或者改变,仍然向公众提供的,法律、行政法规另有规定的除外;⑧ 制作、出售假冒他人署名的作品的。

国家版权局于 2009 年公布了《著作权行政处罚实施办法》,对著作权行政处罚做了更为详细的规定。根据规定,对个人处以 2 万元以上、对单位处以 10 万元以上的罚款,当事人有要求举行听证的权利。当事人对国家版权局的行政处罚不服的,可以向国家版权局申请行政复议;当事人对地方著作权行政管理部门的行政处罚不服的,可以向该部门的本级人民政府或者其上一级著作权行政管理部门申请行政复议;当事人对行政处罚或者行政复议决定不服的,可以依法提起行政诉讼。

三、侵犯著作权的刑事责任

著作权是一种私权利,因此侵犯著作权的行为一般只承担民事责任。但如果侵权著作权的行为性质比较严重,不仅影响到著作权人的切身利益,还影响到社会经济秩序,对社会公共利益产生严重损害,国家在民事责任之外规定了刑事责任,以打击此类严重的侵权行为。

根据《著作权法》第五十三条的规定,针对八类侵权行为,构成犯罪的,依法追究刑事责任。《中华人民共和国刑法》(以下简称《刑法》)第二百一十七条规定了侵犯著作权罪:以营利为目的,有下列侵犯著作权或者与著作权有关的权利的情形之一,违法所得数额较大或者有其他严重情节的,处 3 年以下有期徒刑,并处或者单处罚金;违法所得数额巨大或者有其他特别严重情节的,处3年以上10年以下有期徒刑,并处罚金:① 未经著作权人许可,复制发行、通过信息网络向公众传播其文字作品、音乐、美术、视听作品、计算机软件及法律、行政法规规定的其他作品的;② 出版他人享有专有出版权的图书的;③ 未经录音录像制作者许可,复制发行、通过信息网络向公众传播其制作的录音录像的;④ 未经表演者许可,复制发行录有其表演的录音录像制品,或者通过信息网络向公众传播其表演的;⑤ 制作、出售假冒他人署名的美术作品的;⑥ 未经著作权人或者与著作权有关的权利人许可,故意避开或者破坏权利人为其作品、录音录像制品等采取的保护著作权或者与著作权有关的权利的技术措施的。《刑法》第二百一十八条规定了销售侵权复制品罪:以营利为目的,销售明知是本法第二百一十七条规定的侵权复制品,违法所得数额巨大或者有其他严重情节的,处5年以下有期徒刑,并处或者单处罚金。

为惩治侵犯知识产权犯罪活动,维护社会主义市场经济秩序,最高法和最高检先后颁布了《关于办理侵犯知识产权刑事案件具体应用法律若干问题的解释》(一)、(二)、(三),根据三次司法解释:以营利为目的,实施《刑法》第二百一十七条所列侵犯著作权行为之一,违法所得数额在3万元以上的,属于"违法所得数额较大";非法经营数额在5万元以上的或以营利为目的,未经著作权人许可,复制发行其文字作品、音乐、电影、电视、录像作品、计算机软件及其他作品,复制品数量合计在500张(份)以上的,属于"有其他严重情节";以营利为目的,违法所得数额在15万元以上的,属于"违法所得数额巨大";非法经营数额在25万元以上的或复制品数量在2500张(份)以上的,属于"有其他特别严重情节"。同时根据司法解释,以营利为目的,实施刑法第二百一十八条规定的行为,违法所得数额在10万元以上的,属于"违法所得数额巨大"。司法解释所称"非法经营数额",是指行为人在实施侵犯知识产权行为过程中,制造、储存、运输、销售侵权产品的价值。已销售的侵权产品的价值,按照实际销售的价格计算。制造、储存、运输和未销售的侵权产品的价值,按照标价或者已经查清的侵权产品的实际销售平均价格计算。侵权产品没有标价或者无法查清其实际销售价格的,按照被侵权产品的市场中间价格计算。